Q&Aで学ぶ 空き家問題対策がよくわかる本

経済法令研究会 編

経済法令研究会

はしがき

　少子高齢化問題、人口減少問題が各地域で徐々に顕在化しつつあるなか、2013年の住宅・土地統計調査によれば、全国の空き家数は820万戸、空き家率は13.5％と住宅のじつに約7戸に1戸が空き家という実態が報道され、「空き家問題」が身近な問題としてクローズアップされました。

　政府は、多くの自治体で制定された「空き家条例」に続き、問題のある空き家の解体（除却）と、利活用可能な空き家の有効活用に向けた「空家対策特別措置法」を制定するほか、相続空き家の売却益の特別控除など、各種施策を通じて各自治体における空き家の解体や利活用に関する対策を進めており、各金融機関においても、自治体等との連携による「空き家（解体・利活用）ローン」の提供が拡大しています。

　空き家問題に対しては、現在でも不動産業界を中心にさまざまなアプローチがありますが、金融機関においても、今後、上記自治体等との連携が進展するなかで、空き家を抱えるお客様の資産相談に関するアドバイスなどの知見が金融機関に求められることになると考えられます。空き家自体は必ずしも「悪」ではなく、管理されないことが問題であり、空き家の適正な管理と利活用の方向性が模索されているところです。

　本書は、金融機関として、今後も国をあげて対策が進められる空き家問題を理解するとともに、地域やお客様の課題解決に取り組むため、①空き家問題の現状、②空家対策特別措置法の内容、③空き家の解体・利活用に悩むお客様へのアドバイス、の3つの観点からQ＆A形式を用いて解説しています。

　本書が、地域リソースの有効活用に向けた課題解決の一助となり、もって金融機関の発展と地域貢献につながることを願ってやみません。

2016年9月

経済法令研究会

CONTENTS

第1章　空き家問題を巡る現状と対策

Question 1　空き家の定義・現状等 …………………………………… 2
Question 2　空き家が増加している理由 ……………………………… 7
Question 3　空き家増加による問題点 ………………………………… 9
Question 4　空き家の活用が進まない原因 …………………………… 13
Question 5　空き家の管理方法 ………………………………………… 18
Question 6　「空き家バンク」とその現況 …………………………… 21
Question 7　所有者不明の空き家と個人情報 ………………………… 27
Question 8　空き家の撤去費用と補助金 ……………………………… 29
Question 9　空き家対策に関する国の基本方針 ……………………… 32
Question 10　空き家対策に関する都道府県・市区町村の役割 …… 36
Question 11　空き家対策における地方自治体と金融機関の連携 … 41
Question 12　空き家再生・活用のユニークな事例 ………………… 46

第2章　空家対策特別措置法の理解

Question 13	空家対策特別措置法の概要	52
Question 14	市町村による空家等対策措置の内容	55
Question 15	空き家の所有者等に求められる措置	59
Question 16	空家等対策特別措置法上の「空家等」	62
Question 17	「特定空家等」の範囲	65
Question 18	特定空家等の「所有者等」とは	69
Question 19	特定空家等に指定された時のデメリット	72
Question 20	特定空家等に指定されないためには	75
Question 21	空き家に対する市区町村の立入調査	78
Question 22	市区町村の指導・勧告に従わない場合	81
Question 23	空き家に対する苦情・相談	85

第3章　空き家対策コンサルティング

Question 24	空き家の活用法	90
Question 25	不動産にかかる法規制	95
Question 26	空き家除却のメリットと活用方法	101
Question 27	住宅所有者の転勤により空き家となる場合	106
Question 28	空き店舗の活用	111
Question 29	地域の放置空き家への対応	115
Question 30	相続人の間の争いと空き家	120
Question 31	空き家と跡地の活用	124
Question 32	空き家除却後の更地を賃貸する場合	128
Question 33	空き家除却後の更地を駐車場とする場合	132

Question 34	空き家リフォーム時の留意点	136
Question 35	空き家を賃貸する場合	140
Question 36	空き家の住宅以外の用途での活用	144
Question 37	空き家の売却先の探し方	148
Question 38	空き家に関する税金および特例等	153
Question 39	各種空き家ローンの提案	157
Question 40	空き家対策と金融機関の役割	160

本書の内容に関する訂正等の情報

　本書は内容につき精査のうえ発行しておりますが、発行後に訂正（誤記の修正）等の必要が生じた場合には、当社ホームページ（http://www.khk.co.jp/）に掲載いたします。

第1章
空き家問題を巡る現状と対策

Question 1
空き家の定義・現状等

そもそも空き家とはどのような家をさすのでしょうか。公的な定義などはありますか？

Answer

　5年に1度、全国の住宅ストックの状況を調査している「住宅・土地統計調査（総務省）」では、①賃貸用の住宅、②売却用の住宅、③二次的住宅、④その他の住宅、に区分されています。これは空き家の種類により分類した統計上の区分になります。
　2015（平成27）年5月から完全施行となった「空家等対策の推進に関する特別措置法」では法律上の空き家の定義が行われています。

01 「住宅・土地統計調査」による空き家の定義

　総務省が5年に1度、居住世帯の有無に関わらず、住宅ストックの状況を調査している住宅・土地統計調査では、空き家の種類を、下記のように4分類し推計を行っています。

① 賃貸用の住宅
　新築・中古を問わず、賃貸のために空き家になっている住宅
② 売却用の住宅
　新築・中古を問わず、売却のために空き家になっている住宅

> ③ 二次的住宅
> 　別　荘……週末や休暇時に避暑・避寒・保養などの目的で使用される住宅で、ふだんは人が住んでいない住宅
> 　その他……ふだん住んでいる住宅とは別に、残業で遅くなったときに寝泊まりするなど、たまに寝泊りする人がいる住宅
> ④ その他の住宅
> 　上記以外の人が住んでいない住宅で、例えば、転勤・入院などのため居住世帯が長期にわたって不在の住宅や建て替えなどのために取り壊すことになっている住宅など

　一般の個人用の住宅で、所有者の死亡や転居等により、使用されないまま空き家となっている住宅については、上記のうち「④ その他の住宅」に分類されます。

02　空き家数の推移

　空き家数の推移を5年おきに見ると、次頁図表1-1のようになります。1983（昭和58）年時点では330万戸であったのが、2013（平成25）年調査時点では、820万戸となり、直近5年間で大きく増加しています。ボリュームとして大きいものは、賃貸用の空き家となりますが、増加率で見ると、「その他の住宅」が大幅に増加していることがわかります。
　このような個人住宅の空き家の増加率は著しく、周辺環境へ悪影響を及ぼすケースも見られるようになりました。
　こうした背景により、2014（平成26）年11月27日、「空家等対策の推進に関する特別措置法」（以下、「空家対策特別措置法」といいます）が公布されています。この法律では「空家等」について次のように定義しています。

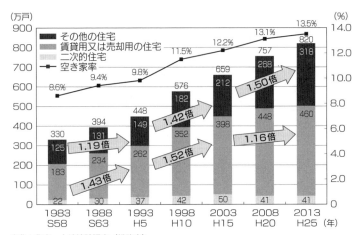

●図表 1-1　空き家の種類別の空き家数の推移

出典：住宅・土地統計調査（総務省）
[空き家の種類]
二次的住宅：別荘及びその他（たまに寝泊まりする人がいる住宅）
賃貸用又は売却用の住宅：新築・中古を問わず、賃貸又は売却のために空き家になっている住宅
その他の住宅：上記の他に人が住んでいない住宅で、例えば、転勤・入院などのため居住世帯が長期にわたって不在の住宅や建て替えなどのために取り壊すことになっている住宅など

出所：国土交通省

「空家等とは、建築物又はこれに附属する工作物であって居住その他の使用がなされていないことが常態であるもの及びその敷地（立木その他の土地に定着するものを含む。）をいう」（同法2条1項）。

　つまり、本法にいう「空家等」とは住宅に限定されたものではなく、さらに、附属する工作物や立木なども含めたものとなっています。

　また、「使用がなされていないことが常態である」については、明確な基準はありませんが、空家対策特別措置法5条1項に基づいた基本指針として国土交通大臣および総務大臣が定めた「空家等に関する施策を総合的かつ計画的に実施するための基本的な指針（平成27年2月26日総務省告示・国土交通省告示第1号）」では、1つの目安として「例えば概ね年間を通して建築物等の使用実績がないことは1つの基準となると考え

られる」とされています。

つまり、空家対策特別措置法で定義される「空家等」とは、住宅に限ってみれば、住宅・土地統計調査における「その他の住宅」に概ね該当することになります。

なお、全国の空き家率の状況を見ると、全国の空き家率（住宅総数に占める空き家数）は13.5％、二次的住宅を除く空き家率は12.8％となります。

03 空家対策特別措置法上の「特定空家等」

空家対策特別措置法にはもう1つの重要な定義があります。それは「特定空家等」です。ここでは、法にいう「空家等」のうち、法2条2項により、以下の状態にあると認められる「空家等」であると定義されています。

- そのまま放置すれば倒壊等著しく保安上危険となるおそれのある状態
- そのまま放置すれば著しく衛生上有害となるおそれのある状態
- 適切な管理が行われていないことにより著しく景観を損なっている状態
- その他周辺の生活環境の保全を図るために放置することが不適切である状態

つまり、「特定空家等」は、「空家等」の中でも周辺環境への悪影響が深刻な状態のものをさし、本法による行政措置の対象となります。

04 地域差のある空き家率の現況

都道府県別にその割合を確認してみると、最も空き家率が高いのは山梨

県で22%、二次的住宅を除くと17.2%となります。特定空家等に該当する候補となりうる「その他の住宅」に着目しますと、空き家総数に占める「その他の住宅」の割合は全国平均で38.8%、鹿児島県と島根県がほぼ同率の64.8%、64.7%で1位、2位となっています。

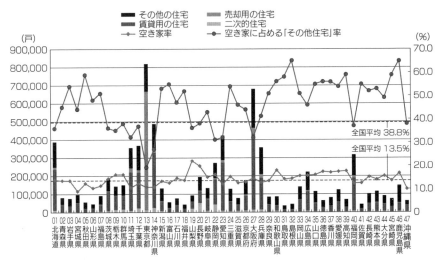

●図表1-2 都道府県別空き家数と「その他住宅」の割合

出所：平成25年住宅・土地統計調査（総務省）

Question 2
空き家が増加している理由

どうして空き家はここまで増えているのでしょうか。構造的な原因などは指摘できるでしょうか？

Answer

人口が減少し続ける中、これからさらに本格的な世帯数の減少が始まります。一方で、新築住宅は作られ続けますが、そこに住まう人口・世帯数が減少していくことから、必然的に空き家は増えることになります。

戦後、日本は未曾有の住宅不足となり、住宅供給が急ピッチで進められていましたが、実は、昭和40年代には若干ではありますが、住宅数が世帯数を上回っている状態になりました。この時点で統計上の空き家の発生が確認されます。その後、住宅数と世帯数の差がますます広がっており、現在に至っています（図表1-3）。

それでは、すでに世帯数に対する住宅数は満たされているので新たな供給は必要ないのかといえば、そうではありません。消費者の世帯構造やニーズも多様化しており、それに応じた新たな住宅も必要となりますし、住宅市場全体をみれば、耐震性能や省エネルギー性能の高い住宅を供給し住宅ストックの質の向上を図っていく必要があります。

前述した「その他の住宅」、つまり一般の個人用住宅については、住まい手が減ることで、必然的に空き家となる住宅が増えることになります。

空き家数としては最も数が多い「賃貸用住宅」についても、同様に人

● 図表1-3　住宅総数と総世帯数の推移

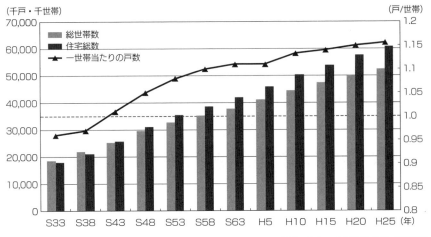

出所：住宅・土地統計調査（総務省）

口・世帯数の影響は受けますが、これについては、バブル期や、その直後に行われた生産緑地法の改正時に大量に供給された物件が現在では築20年超となり、空き家（空き室）が発生しているのも1つの要因といえます。住宅着工数の推移は、図表1-4のとおりです。2009年に80万戸を割り込み、直近では80万戸後半から90万戸で推移しています。

● 図表1-4　新設住宅着工戸数の時系列推移

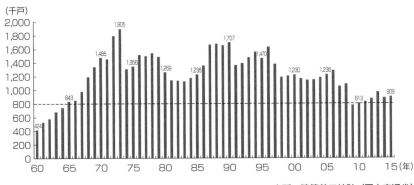

出所：建築着工統計（国土交通省）

Question 3
空き家増加による問題点

現在国をあげて対策がとられはじめた空き家問題ですが、空き家が増えることでどういった問題があるのでしょうか？

Answer

空き家が管理されず放置され続ければ、治安上の問題や、景観上の問題など、当該・周辺地域に悪影響を及ぼすだけでなく、周辺住宅の資産価値にも影響を及ぼすことがあります。

01　問題は未管理の空き家

　空き家が管理されずに放置されている場合、庭に雑草が生い茂り景観を悪化させるだけでなく、ゴミの不法投棄や火災を誘発したり、また犯罪に使われたりするなどのケースもあります。また、子供が迷い込んでの怪我や事故の原因にもなるなど日常生活上、大きな問題となりえます。

　住宅が隣接している場合では、地震による倒壊に伴う被害を受ける可能性もあります。

　景観上著しい悪影響を及ぼしたり、事件、事故などがひとたび発生すると、仮にその隣接する住宅を売却または賃貸しようとした際、市場価値に悪影響を及ぼす可能性もあります。

　しかし、このような悪影響は、「空き家が増える」ことによるものでは

なく、「管理されていない空き家が増える」ことによる影響です。

空き家が増えること自体は、必ずしも「悪」とは言い切れません。空き家をうまく利活用して外部から人を呼び込んだり、地域のコミュニティの核として活用できる可能性もありますし、そこには新しいビジネスも生まれます。また、「二地域居住」などの多様なライフスタイルを実現するためにも、一定の空き家ストックは必要となります。

問題は、管理されないままに放置されている空き家が増えることなのです。このような空き家が景観や治安の問題を引き起こします。

02 空き家が管理されない原因

図表1-5は、空き家所有者に対して行われたアンケート調査結果です。これによると、空き家所有者の12.8％が「特に管理していない」と答えていることがわかります。また、6割が自主管理となっていることがわかります。

管理していない理由（図表1-6）についてみると、「空き家が遠方にあり管理ができないから」、「しばらく住む予定がなく、管理する必要性を感じないから」という回答が多くみられます。

空き家管理に対する大きな問題点としては、アンケート調査にもみられるように、所有者の居住地と空き家所在地が遠隔地にあることがあげられるのです。

空き家所在地が所有者の自宅と遠隔地にある場合、そこに親族等がいればその親族が管理することも可能ですが、いない場合には自主管理となり、管理する頻度が著しく落ちてしまうことになります。

また、事業者に管理を依頼しようとする場合にも、地元のネットワークがないため、なかなか難しい状況となってしまいます。

特に、大都市圏に居住する空き家所有者や、遠隔地（主に出身地）に空

● 図表 1-5　空き家の日頃の管理

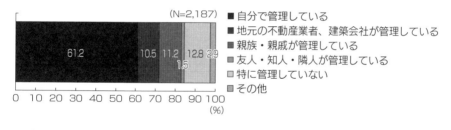

● 図表 1-6　空き家を管理していない理由

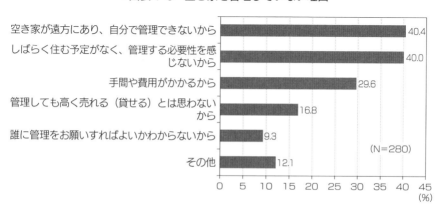

出所：個人住宅の賃貸流通の促進に関する検討会（空き家所有者アンケート調査）国土交通省

き家を所有しているというケースが多いため、今後、対応策の検討が求められます。

03 「住宅」に対する考え方の違い

「しばらく住む予定がなく、管理する必要性を感じないから」との回答に関していえば、欧米の住宅に対する価値観と、日本の住宅に対する価値観の違いとして比較される場合がよくあります。つまり、欧米では、住宅を「価値のある資産」ととらえ、日本では「住まう場所」としてとらえる

傾向が強いということです。

　住宅を、キャッシュを生むことができる資産としてとらえれば、住む予定がなくとも管理を行うインセンティブも働きますが、そのような意識がなければ、住む予定がなくなれば管理を行わなくなるというのも理解できる現状です。

　これは、不動産をどのように評価していくのか、ということにもかかわる大きな問題でもあります。

Question 4
空き家の活用が進まない原因

なぜ個人の遊休資産ともいえる空き家が、「売れない・貸せない」のでしょうか？

Answer

空き家そのもののコンディションや立地条件など、通常の既存住宅市場と同様の要因もありますが、そもそも「売れる・貸せる」状態になっていない、「売りたい・貸したい」けれども、どうしたらよいかわからない、などといった状況もあります。

また、空き家を「売る・貸す」にあたっては、修繕を行う必要があることが多く、その費用負担から、売る・貸すが躊躇されるケースもあります。

01 空き家を「売る・貸す」ためには

空き家となってから、長い間、適切な管理が行われていなければ、当然ながら建物や敷地の状況は悪化し、「売りにくい・貸しにくい」物件となります。また、地方部に多く見られる傾向として、駅から遠距離に所在している、生活利便施設が近くにないなど、立地条件に問題があったり、接道不良であったりというケースも多くみられます。

管理については、空き家が近くにあれば所有者自らが、遠方にあればそこに住んでいる親戚などが、窓開けや草木の管理を行っているケースが多くみられます。後に自らが住む、あるいは親族等が住むなどの予定がある

場合は、それもよいのですが、「売る・貸す」を前提とするような場合には、空き家に市場価値を持たせて「売れる・貸せる」物件とするために、管理のプロに相談することが考えられます。

02 空き家の個別事情と賃貸の難しさ

「空いているのなら、売れるなら、売ればよいのでは？ 貸せるなら貸せばよいのでは？」という素朴な疑問もありえますが、次のような理由から、そもそも売る・貸すまでの行為に至らない場合も多くみられます。

例えば、普段は使っていない実家であるのですが、親族が集まるために、年に数回だけ利用するという場合があったり、仏壇などの処分の難しい荷物がおいてあったりなどで、完全に空き家になっていないような状態です。このような場合、所有者に「売る・貸す」といった強い発意がない限りは、現状のまま放置されていることが少なくありません。また、そもそも家を貸すこと自体が「恥ずかしい」といったマイナスイメージもあるようです。

これも空き家に多くみられる特徴ですが、親が居住していた住宅を相続したことにより所有者が兄弟姉妹の共有となるなど名義が複雑になり、処分・活用に関する意見調整がなかなか進まないなどの事情もあります。

また、Question 3 に前述しましたが、所有者と空き家の所在地が遠隔地にあるケースが大きな問題です。実は、このパターンは非常に多く、大都市圏に住んでいる空き家所有者の多くが、遠方に空き家（実家など）を所有しているケースが典型的です。

住宅を売る・貸す場合には、宅建業者に仲介を依頼することが一般的ですが、空き家物件が遠方にある場合には、どこの宅建業者に依頼すればよいかなど判断しかねるまま、放置してしまっているケースがみられます。

もう1つの大きな問題として、「売る・貸す」にあたっては一定のリ

フォームが必要となる場合が多く、リフォーム費用がかかるために活用を躊躇してしまう、ということがあげられます。特に、賃貸による活用を想定する場合、地方部の賃料相場は都市部と比べて低くなるため、費用を投じてリフォームを行っても、賃貸収入でその費用を回収するには長期間を要することとなります。そのような所有者の考えも、次のアンケート調査結果（図表1-7～1-9）からみて取ることができます。

●図表1-7　空き家となっている住宅の現在の状況

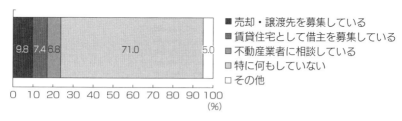

出所：個人住宅の賃貸流通の促進に関する検討会（空き家所有者アンケート調査）（国土交通省）

●図表1-8　（賃貸中および賃貸意向者）貸すにあたり心配な点

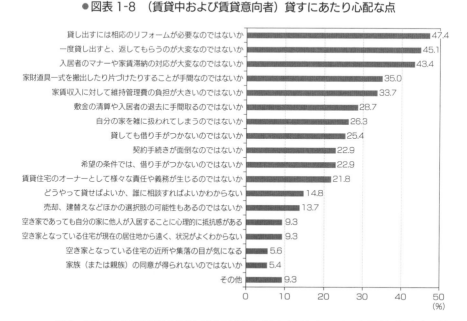

出所：個人住宅の賃貸流通の促進に関する検討会（空き家所有者アンケート調査）（国土交通省）

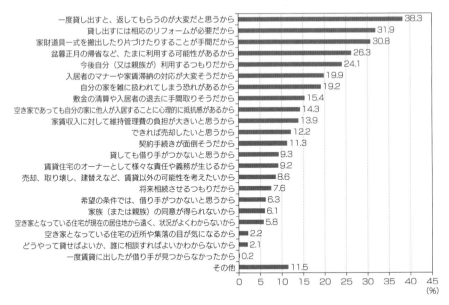

●図表1-9 (賃貸非志向者) 賃貸したくない理由

出所：個人住宅の賃貸流通の促進に関する検討会（空き家所有者アンケート調査）（国土交通省）

　上記のようなケースに対応して、国土交通省では、借主側の費用負担にて借主側が自ら修繕を行う方式の検討が行われ、「借主負担DIYの賃貸借」と「適切な空き家管理」の指針が発表されました。

　ここでいう"借主負担DIY"とは、本来であれば貸主が行っていた家屋の修繕を借主側が行うもので、図表1-10のC-1、C-2タイプに該当します。

　ただし、借主側が設置した造作物の所有権の取扱いや税務上の取扱いに注意を要しますので、詳しくは、国土交通省のDIY型賃貸借の活用に関する資料（http://www.mlit.go.jp/report/press/house03_hh_000098.html）を参照してください。

　このような「借主負担DIY」は、今後の空き家の賃貸流通の処方箋の1つとして期待されます。

Question 4 空き家の活用が進まない原因

●図表1-10 DIY型賃貸の概要

	入居前修繕 (費用負担者)	家賃水準	入居中修繕 (費用負担者)	DIYの実施 (壁床の張り替え、設備更新等)	造作買取請求 (エアコンの取付等)	退去時の原状回復
Aタイプ 一般型	貸主が修繕、設備更新等を実施	市場相場並み	貸主が実施 (一部の小修繕は借主負担もある)	原則禁止	認めない (造作した場合、退去時に撤去)	借主の義務 (通常損耗、経年劣化を除く)
Bタイプ 事業者借上型 (サブリース)	貸主が修繕、設備更新等を実施 (一定基準以上)	市場相場並み (手数料支払)	事業者が実施 (貸主と負担調整)	原則禁止		
C-1タイプ 借主負担DIY (現状有姿)	現状のまま (故障はなく、通常生活は可能)	市場相場より若干低廉	借主が実施又はそのまま放置※ (躯体等は貸主)	借主負担で認める	認めない (残置するかは双方で協議)	DIY実施箇所は免除
C-2タイプ 借主負担DIY (一部要修繕)	借主が実施又はそのまま放置※ (躯体等を除く)	市場相場より相当低廉				

※事例 ・壊れたドアやガスコンロ、給湯器などを修繕せず、そのまま居住
　　　・すり切れた畳の上にカーペットを敷いて対応

出所：個人住宅の賃貸流通の促進に関する検討会資料（国土交通省）

Question 5
空き家の管理方法

空き家の管理のためには、どのような方法がありますか。専門事業者への依頼なども含めて教えてください。

Answer

空き家の利活用の目的に応じて、所有者自身や親族等で行うケースと、管理業者等の事業者に依頼するケースがあります。

空き家問題がクローズアップされる中、さまざまな事業者が空き家管理サービスの提供を行っています。また、サービスの提供だけでなく、将来の売却・活用、リフォームの提案も行う不動産業者や建設業者なども多くみられます。

01 空き家の管理の難しさ

空き家について、当面特に利活用の予定がないケースや、将来、所有者自身や親族等が住む予定があるケースでは、所有者自身や、親族等が管理しているケースが多くみられます。

具体的な管理に関する作業としては、近隣の迷惑にならないように、敷地周辺の清掃や庭の草木の管理を行い、窓開けによる空気の入れ替え、室内の清掃、郵便物の確認・回収などを行うことが必要になります。

しかし、定期的な管理を行っていくことは所有者自身や親族等に負担が

かかるうえ、また一方で、専門家でない目から建物の腐朽・破損状況を把握することも難しいところがあります。

02 各種事業者による空き家管理メニュー

将来の売却や賃貸を想定している場合には、できるだけ資産価値が落ちないように管理していくことが大切となります。

そのような場合、空き家管理サービスを提供している管理業者や不動産業者に管理を依頼することが考えられます。

管理会社や不動産業者では、管理サービスの提供とあわせて、売却や賃貸を行うにあたってのアドバイスや、売却・賃貸を行う際の仲介業務、賃貸であれば入居者の募集やその後の管理までの相談が可能となります。

不動産業者以外にも、工務店、警備保障会社、造園業者、NPO法人な

● 図表1-11 空き家の管理代行を行っている主体と業務内容

	室内業務				室外業務				代行業務		
	通風・換気	確認・点検	清掃・片付け	不用品処分	確認・点検	郵便物等の確認	清掃・片付け	剪定	指定の近隣訪問	修理手配	大家業
土木・建設・剪定業者（地元の工務店、造園会社等）	○	○	○		●		●	●		●	
不動産業者（賃貸住宅管理業者等）	●	●	●		●	●	●			○	●
維持管理業者（地元のビルメンテナンス会社、警備業等）	○	○	○		●		●		○	○	
その他業者（便利屋等）			●	●	●	●	●	○			
NPO法人	○	○	○	○	●	●	●	○	○	○	

【凡例】○…事例がある業務　●…事例があり、得意分野であると思われる業務
出所：各種資料を基に、（株）価値総合研究所作成

どが空き家の管理サービスを提供し始めています。

　主なサービスメニューとしては、図表1-11のようなものがあります。

　近隣にどのような事業者がどのようなサービスを提供しているのかにもよりますが、目的に応じてサービスを選択するのがよいでしょう。

　費用はサービス内容によって異なりますが、不動産会社に依頼した場合、月1回の巡回業務で、概ね5,000～10,000円が目安です。巡回の結果はレポートの提出や写真画像として報告してもらえることが一般的です。

Question 6
「空き家バンク」とその現況

地方自治体等で行われている「空き家バンク」とは何ですか。どのように利用することができますか?

Answer

空き家バンクとは、空き家を売りたい・貸したい所有者が物件を登録し、その情報を発信して買いたい人と売りたい人をマッチングさせる仕組みであり、主に地方自治体や自治体から委託を受けた団体が運営しています。

01 空き家バンクとは

　一般の不動産物件情報サイトを通じても、売り物件・貸し物件の情報を見ることができますが、それらは通常の不動産市場の中で取引が行われる物件であり、不動産会社は、物件の取引仲介を成約させることで仲介手数料を得ています。

　空き家バンクは、一般の不動産物件情報サイトと掲載されている物件の性質や運営の目的も大きく異なります。空き家バンクは、主に自治体や自治体から委託を受けた団体により運営されており、営利目的で運営されていないことがわかります。

　空き家バンクを運営している自治体等は、農山間部を多く抱えた地方部

が多く、そのような地域にある空き家は一般の不動産市場の中で取引されるのは難しい状況にあります。一方、そのような地域でいわゆる「田舎暮らし」をしたいというニーズや、創作活動を行いたいなどといったニーズもあります。そうしたニーズと空き家をマッチングさせ、定住促進・地域の活性化を図ることが「空き家バンク」の機能です。

しかし、都市部を離れ、田舎暮らしを行うことは、生活環境が大きく変わるだけでなく、地域の風習や文化にも溶け込む必要があり、移住者にとっては大きな不安があります。したがって、空き家バンクのサイトでは地域の生活情報が発信されており、自治体の移住・定住施策と連動して運営されていることが一般的です。

実際にマッチングが成立した後は、空き家の売買や賃貸借の契約が行われるわけですが、宅地建物取引業法上、自治体が関与するのはマッチング

●図表1-12　空き家バンクの仕組み（南アルプス市の例）

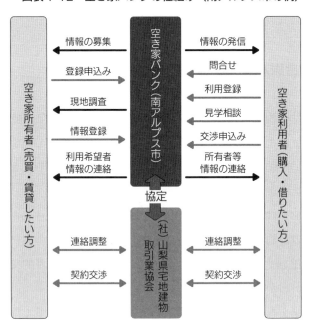

までの段階であり、その後の契約は、当事者間で直接契約を行うか、不動産会社が仲介に入ることになります。当事者間の直接契約は不安もありトラブルの原因ともなりかねないため、空き家バンクの取組みに協力している不動産会社が仲介に入ることが一般的です。

また、地域の宅建協会などの団体と協定を結び、官民一体となって取り組んでいる自治体もあります。特に地方部においては、物件の売却価格や賃料と連動する仲介手数料収入が、仲介に必要な物件調査や重要事項説明などの労力になかなか見合わないという現状があり、不動産業者は行政とうまく役割分担をしながら、地域貢献の1つとして取り組んでいる状況にあります。

02 地方自治体による取組み状況

地方自治体では、都市部の住民を「地域おこし協力隊」として委嘱し、1年から3年程度の期間にわたって、住民票を移したうえで地域活動に従事したもらう取組みや、農業体験がセットになった「お試し居住」など、さまざまな移住や交流に関する施策を展開しています。

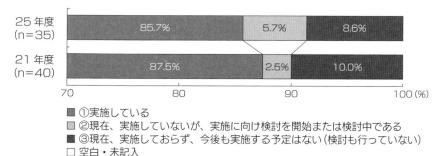

●図表 1-13 移住・交流促進施策の実施状況（都道府県）

■ ①実施している
■ ②現在、実施していないが、実施に向け検討を開始または検討中である
■ ③現在、実施しておらず、今後も実施する予定はない（検討も行っていない）
□ 空白・未記入

出所：「空き家バンク」を活用した移住・交流促進事業自治体調査報告書（平成26年3月）
（一般社団法人移住・交流推進機構）

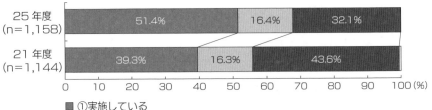

●図表 1-14　移住・交流促進施策の実施状況（市町村）

出所：「空き家バンク」を活用した移住・交流促進事業自治体調査報告書（平成 26 年 3 月）
（一般社団法人移住・交流推進機構）

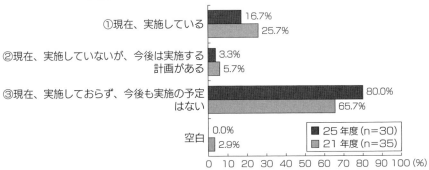

●図表 1-15　「空き家バンク」の実施状況（都道府県）

出所：「空き家バンク」を活用した移住・交流促進事業自治体調査報告書（平成 26 年 3 月）
（一般社団法人移住・交流推進機構）

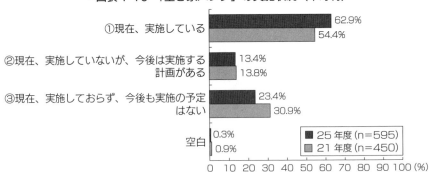

●図表 1-16　「空き家バンク」の実施状況（市町村）

出所：「空き家バンク」を活用した移住・交流促進事業自治体調査報告書（平成 26 年 3 月）
（一般社団法人移住・交流推進機構）

Question 6 「空き家バンク」とその現況

このような移住や交流施策を行っている地方自治体は、都道府県で85.7％、市町村で51.4％となっています（図表1-13、14）。その中で、空き家バンクを運営しているところは、都道府県で16.7％、市町村で62.9％となります（図表1-15、16）。

市町村では比較的多くの自治体が空き家バンクを運営していますが、なかなか登録件数が増えないのが現状です。登録件数に関するアンケート調査の結果でも、10件未満が約半数を占めていることがわかります（図表1-16）。

その理由としては、図表1-17のような要因があげられています。目立った要因としては、地域内には、空き家があっても賃貸する意向がない（図表1-18回答の③）、ということです。

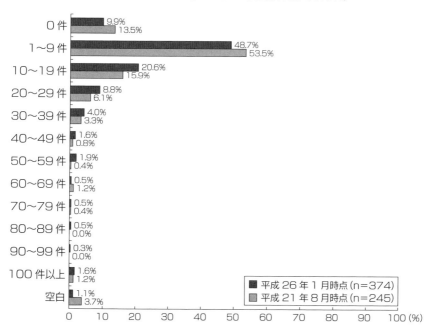

●図表1-17　空き家バンクへの登録件数（市町村）

出所：「空き家バンク」を活用した移住・交流促進事業自治体調査報告書（平成26年3月）
（一般社団法人移住・交流推進機構）

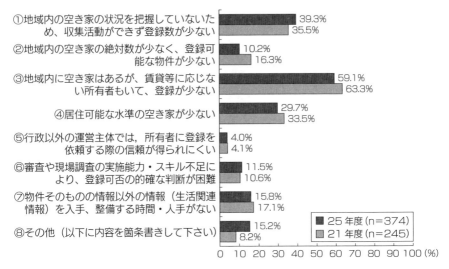

●図表 1-18 空き家バンクでの物件情報の収集・登録における課題

出所:「空き家バンク」を活用した移住・交流促進事業自治体調査報告書（平成 26 年 3 月）
（一般社団法人移住・交流推進機構）

　所有者が住まなくなって空いている家を、賃貸運営しようという発意をもってもらうまでには、実は大きな意識改革が必要で、とても難しい場合が多くあります。また、賃貸運営しようという発意をもったとしても、荷物がおいてある、たまに使用するときがあるなどの理由で、実際には踏み切れないことも多くあります。

Question 7
所有者不明の空き家と個人情報

近隣に所有者がわからない空き家が長年放置されているのですが、敷地の管理を求めるために、役所で空き家の所有者の名前や現住所などを教えてもらうことはできますか？

Answer

個人情報に関わることですので、役所に問い合わせても所有者名などは開示してはもらえません。

また、登記簿情報も必ずしも正確なわけではありません。一方で、行政は、空家対策特別措置法の施行により、法定の目的の限度内で、固定資産税の課税情報を利用することが認められました。

01 登記簿情報の限界

一般的な所有者の調査方法としては、公開情報である登記簿情報から氏名、所在地を確認する方法があります。ただし、所有者の住所変更が行われた場合、申請をしなければ登記簿情報として更新されませんが、住所変更の登記にかかる費用等の理由から住所が更新されていないケースが少なくありません。また、登記簿上の所有者がすでに死亡しているケースもよくみられます。

02　行政による固定資産税の課税情報の内部利用

　では、行政が空き家の所有者を特定しようとした場合、どのような方法を取るのでしょうか。もちろん登記簿情報も参考にしますが、その他、住民票や戸籍謄本などの情報も参考にします。また、周辺地域での聞き取り調査も行います。しかし、それでも特定できない場合も多くあります。そのような時には、固定資産税情報により確認を行います。固定資産税情報には、登記簿情報に記載されていない情報（所有者（納税義務者）または納税管理人の氏名・名称・住所・電話番号）が税務部局の調査により記載されていることがあります。

　空家対策特別措置法が施行される以前は、秘密漏えい罪を定めた地方税法22条により、行政内部といえども、固定資産税情報の目的外利用はできませんでした。しかし、本法が施行され、空き家所有者を特定するために、固定資産税情報が内部活用できるようになったのです。

> （空家等の所有者等に関する情報の利用等）
> 10条　市町村長は、固定資産税の課税その他の事務のために利用する目的で保有する情報であって氏名その他の空家等の所有者等に関するものについては、この法律の施行のために必要な限度において、その保有に当たって特定された利用の目的以外の目的のために内部で利用できる。

　ただし、これはあくまでも「この法律の施行のために必要な限度において」、行政内部の利用にとどまるもので、外部に公開されるものではありません。

Question 8
空き家の撤去費用と補助金

空き家対策が地域の問題としてクローズアップされる中、空き家の撤去等について、補助金などは利用できるのでしょうか？

Answer

現在は、各自治体によって異なりますので確認が必要です。しかし、今後はそのような補助制度を持つ自治体が増えることが考えられます。

01 自治体による補助金

これまで、いくつかの自治体では、空き家等の適正管理に関する条例を定め、その規定に基づいて、解体撤去に関する費用の一部について補助をする制度を創設してきました。

空き家に関する補助金としては、①解体工事・撤去（除却）に対する補助金、②リフォーム・改修に対する補助金、③空き家の取得・購入、地域への移住・他地域からの転入に対する補助金など、自治体によりさまざまな施策がとられています。

02 国による補助金

一方、国においても、「空き家再生等推進事業」というものがあります。この事業は、地方公共団体による住環境の整備改善・災害の防止のための住宅建設・敷地の整備等の事業に対し、国が必要な助成を行う「小規模住宅地区等改良事業制度要綱」の中に位置づけられており、「要綱に定めるところに従って行われる不良住宅又は空き家住宅の除却及び空き家住宅又は空き建築物の活用に関する事業並びにこれらに附帯する事業」と定義づけられています。

大きくわけて、空き家を除却（有形固定資産を取り壊すことをいいます）する場合と、活用する場合に関して、地方公共団体に対して国が補助を行い、除却する場合に関しては、下記の条件に当てはまる地域・区域であれば活用できるようになっています。

・空家等対策計画に定められた空き家等に関する対策の対象地域
・空き家住宅等の集積が居住環境を阻害し、または地域活性化を阻害しているため、空き家住宅等の計画的な除却を推進すべき区域として地域住宅計画または都市再生整備計画に定められた区域
・居住誘導区域を定めた場合はその区域外で空き家住宅等の集積が居住環境を阻害し、または地域活性化を阻害している区域

03 空家等対策計画

上記の「空家等対策計画」とは、空家対策特別措置法に位置づけられているもので、同法6条により、「市町村はその区域内で空家等に関する対

策を総合的かつ計画的に実施するため、基本方針に即して、空家等に関する対策についての計画（空家等対策計画）を定めることができる」とされています。

空家対策特別措置法が施行されて間もないということもあり、空家等対策計画を策定している市町村はまだ少ない状況ですが、この計画がつくられ、空家等に関する対策の対象地域が定められれば、この事業を活用できる市町村も増えてくるものと考えられます。

また、後ほどQuestion 11にも触れるように空き家に関する解体・撤去費用等に対するローンを提供する金融機関も増えてきています。

Question 9
空き家対策に関する国の基本方針

空家対策特別措置法の制定などにみられるように空き家対策は地域活性化・地方創生の動きとも関係が深そうですが、空き家対策に関する国の基本方針はどのようなものですか？

Answer

空き家の利活用や、計画的な解体・撤去を推進し、急増する空き家数の増加を抑制することを目標としています。

01 住生活基本計画（全国計画）

2016（平成28）年3月に、新たな「住生活基本計画（全国計画）」（計画期間：平成28年度～平成37年度）が閣議決定されました。

住生活基本計画とは、住生活基本法（平成18年法律第61号）に位置づけられた住宅政策の根幹をなすもので、国が定める「全国計画」と、都道府県が定める「都道府県計画」からなりたっています。市町村における計画策定は任意ではありますが、市町村でも計画を策定しているところも多く見られます。

この全国計画の中では、8つの目標が定められました。

《住生活基本計画の8つの目標》
目標1：結婚・出産を希望する若年世帯・子育て世帯が安心して暮らせる住生活の実現
目標2：高齢者が自立して暮らすことができる住生活の実現
目標3：住宅の確保に特に配慮を要する者の居住の安定の確保
目標4：住宅すごろくを超える新たな住宅循環システムの構築
目標5：建替えやリフォームによる安全で質の高い住宅ストックへの更新
目標6：急増する空き家の活用・除却の推進
目標7：強い経済の実現に貢献する住生活産業の成長
目標8：住宅地の魅力の維持・向上

02 「急増する空き家の活用・除却の推進」

　住生活基本計画（全国計画）は、過去、平成18年、平成23年に策定（平成21年見直し）されてきた経緯がありますが、今回は上記のとおり目標6として、「急増する空き家の活用・除却の推進」が位置づけられています。それぞれの目標には基本施策と成果指標が示されており、目標6についての内容は次のとおりです。

目標6　急増する空き家の活用・除却の推進
(1) 空き家を賃貸、売却、他用途に活用するとともに、計画的な空き家の解体・撤去を推進し、空き家の増加を抑制
(2) 地方圏においては、特に空き家の増加が著しいため、空き家対策を総合的に推進し、地方創生に貢献

(基本的な施策)
(1) 良質な既存住宅が市場に流通し、空き家増加が抑制される新たな住宅循環シ

> ステムの構築
> (2) 空き家を活用した地方移住、二地域居住等の促進
> (3) 伝統的な日本家屋としての古民家等の再生や他用途活用を促進
> (4) 介護、福祉、子育て支援施設、宿泊施設等の他用途への転換の促進
> (5) 定期借家制度、DIY型賃貸借等の多様な賃貸借の形態を活用した既存住宅の活用促進
> (6) 空き家の利活用や売却・賃貸に関する相談体制や、空き家の所有者等の情報の収集・開示方法の充実
> (7) 防災・衛生・景観等の生活環境に悪影響を及ぼす空き家について、空家等対策の推進に関する特別措置法などを活用した計画的な解体・撤去を促進

　基本施策（1）で示されているように、空き家対策は、中長期的な視点で対応していく必要があります。今ある空き家の対策だけでなく、将来を見据え、住宅ストック全体の質を向上させ、それらが市場で流通するようなシステムをつくることで、空き家の増加を抑制していく必要があります。また、空き家は、売ったり貸したりだけでなく、（4）に示されているように、他の用途に展開して利活用する方法もあります。

　そして、上記（1）～（7）の施策を展開することによる成果指標として下記の2項目が示されています。

> （成果指標）
> ・空家等対策計画を策定した市町村数の全市町村数に対する割合
> 　　0割（平成26）→おおむね8割（平成37）
> ・賃貸・売却用等以外の「その他の空き家」数
> 　　318万戸（平成25）→400万戸程度におさえる（平成37）

　この成果指標からわかるように、個々の空き家への対応ではなく、計画的な対応が求められていることがわかります。
　また、施策の展開によっても、現時点から空き家数を減らすことはできないこともわかります。いかにして空き家の増加数を抑制していくか、また増加した空き家をいかに適切に管理して利活用していくかが重要となり

ます。

　上記の成果指標に登場する「空家等対策計画」はQuestion 8にも触れていますが、空家対策特別措置法の中で位置づけられている計画です。

　空家対策特別措置法の内容としては、除却の方に注目が集まっていますが、法で位置づけられている「空家等対策計画」は、計画期間を定め、「空家等及び除却した空家等に係る跡地の活用の促進に関する事項」を定めるものとされており、除却だけではなく、「活用」に関する計画でもあります。

　このように、住生活基本計画、空家対策特別措置法ともに、利活用できる空き家は利活用を促し、周辺に悪影響を及ぼす空き家については除却を進めるという大きな方針が定められています。

Question 10
空き家対策に関する都道府県・市区町村の役割

空き家対策について、都道府県・市区町村はどのような役割を担っているのですか？

Answer

　市町村は、空き家に関する情報提供や相談の受付など、日常的な対応を行うとともに、周辺に悪影響を及ぼす「特定空家等」の判断や、それに対する行政措置、空き家の利活用など、具体的な行動を起こす主体となります。
　都道府県は、空家等対策計画策定の支援などのサポートや、都道府県住生活基本計画の策定などによる方針を定める役割を担っています。

01 市町村の役割

　市町村の空き家対策に関する重要な役割としては、空き家に関する情報発信や相談対応があります。
　現在では、図表1-19のような取組みが行われており、空き家バンクや、空き家等に関する相談窓口の開設などが行われています。
　空き家対策を行うにあたっては、市町村内にある空き家の実態を把握しておくことが望ましいのですが、空き家の実態を調査するには現地調査が必要となり、行政区域全体を調査するには相当の労力と費用が必要となるため、「既に実施済み」、「現在調査を実施中」を合計しても全1,788自治

Question 10 空き家対策に関する都道府県・市区町村の役割

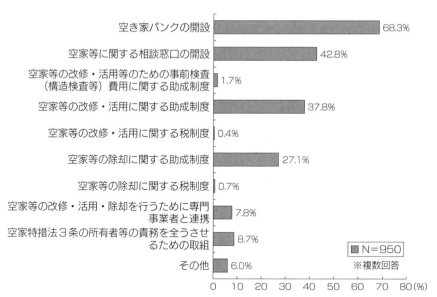

●図表 1-19 市町村の空き家等に関する情報提供や活用に向けた具体的な取組み

※上記選択下肢のいずれかに取り組んでいると回答があった市区町村のみを対象に集計
※空家対策特別措置法第3条の「所有者等の責務を全うさせるための取組」の具体的な回答内容として、文書等による所有者への適正管理の要請、周辺住民からの苦情があった場合の所有者への管理改善の通達、適正管理に関する相談への対応や情報提供、等
※「その他」の具体的な回答内容として、一般社団法人移住・住みかえ支援機構（JTI）が実施するマイホーム借上制度の周知、空家や空店舗の賃貸補助制度の導入、体験型民泊での宿泊施設として活用、等

出所：国土交通省調査（調査期間：平成27年10月1日～平成27年10月16日）

体（都道府県・特別区・市区町村）中で、5割強程度の数となっています（図表1-20）。

　空家対策特別措置法に位置づけられている空家等対策計画を策定し、計画的な空家対策を行っていくことも市町村の役割です。しかし、同法が施行されてまだ間もないこともあり、策定済みの自治体は、2016（平成28）年3月31日時点で63、全1,741市区町村中の約3％となっています。

　周辺に悪影響を及ぼす空き家について、「特定空家等」として行政措置を行っていくことも市町村の役割となります。

　平成28年3月末時点では、指導・助言を行っている市区町村数は168、

● 図表 1-20 空家等に関する実態調査の実施の有無

(N=1,788)

既に実施済み	603 (33.7%)
現在調査を実施中	358 (20.0%)
今後調査を実施予定	525 (29.4%)
実施する予定はない	300 (16.8%)
無回答	2 (0.1%)

出所:国土交通省調査(調査期間:平成27年10月1日時点)

● 図表 1-21 空家等対策計画の策定状況

	市区町村数	比率
既に策定済み(公表済み)	63	3%
策定予定あり	1317	75%
平成 28 年度	422	24%
平成 29 年度	168	10%
平成 30 年度以降	16	1%
時期未定	711	41%
策定予定なし	359	21%
未回答	2	1%
合計	1741	100%

出所:国土交通省(平成28年3月31日時点)

● 図表 1-22 特定空家等に対する措置の実績

	市区町村数	措置件数
指導・助言	168	2895
勧告	25	57
命令	3	4
代執行	1	1
略式代執行	8	8

出所:国土交通省(平成28年3月31日時点)

措置件数は2,895件となっています。また代執行、略式代執行については、それぞれ1件、8件みられます（図表1-22）。

02 都道府県の役割

都道府県については、Question 9 で説明した住生活基本計画（全国計画）

●図表1-23 市区町村の空き家対策実施に対する都道府県の支援状況

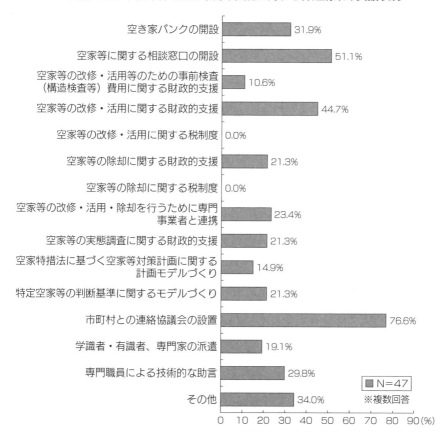

項目	割合
空き家バンクの開設	31.9%
空家等に関する相談窓口の開設	51.1%
空家等の改修・活用等のための事前検査（構造検査等）費用に関する財政的支援	10.6%
空家等の改修・活用に関する財政的支援	44.7%
空家等の改修・活用に関する税制度	0.0%
空家等の除却に関する財政的支援	21.3%
空家等の除却に関する税制度	0.0%
空家等の改修・活用・除却を行うために専門事業者と連携	23.4%
空家等の実態調査に関する財政的支援	21.3%
空家特措法に基づく空家等対策計画に関する計画モデルづくり	14.9%
特定空家等の判断基準に関するモデルづくり	21.3%
市町村との連絡協議会の設置	76.6%
学識者・有識者、専門家の派遣	19.1%
専門職員による技術的な助言	29.8%
その他	34.0%

N=47　※複数回答

※「その他」の具体的な回答内容として、市町村に対する国の動向や支援制度等の情報提供や相談対応、空家等対策計画の計画作成に関する財政的支援、空き家相談対応マニュアルの作成、空家実態調査方法や特定空家等指導手順に関するマニュアル作成、等

出所：国土交通省調査（調査期間：平成27年10月1日時点）

の目標や成果指標を受けて、都道府県計画の見直しを行い、「急増する空き家の活用・除却の推進」のための計画づくりと目標設定を行い、それに向けた施策展開を行うことになります。

　また、市町村が行うさまざまな空き家対策について支援を行うことも都道府県の役割となります。支援の内容については、図表1-23にあげられるような事項があります。

　最も多いものとして「市町村との連絡協議会の設置」があげられています。市町村との連絡窓口を設置して、定期的に情報を共有し、市町村と一体となって取組みを行うことが必要となります。

Question 11
空き家対策における地方自治体と金融機関の連携

空き家対策に関して「空き家解体ローン」や「空き家活用ローン」を提供する地域金融機関が増えていますが、地方自治体との連携などはどのようになっているのでしょうか？

Answer

各金融機関では、空き家の解体や修繕・利活用に対するローンの提供が進んでいます。空き家問題は、所有者の費用負担がその要因の１つでもあり、提携自治体の補助金を受けられる物件に対して優遇金利が適用されるローン商品など、さまざまな取組みが進められています。このような金融機関と地方自治体との連携により、空き家対策が進むことが期待されています。

01 費用負担が空き家放置の要因の１つ

住生活基本計画の目標とされている「急増する空き家の活用・除却の推進」を進めるにあたっては、空き家の活用を図る際にも、除却する際にも、空き家所有者は資金の準備が必要となります。

例えば、売却や賃貸を行う場合、現状有姿の物件のまま行われることや、賃貸の場合であれば、借主の費用負担のもと借主側の DIY 修繕が行われることもありますが、多くの場合では、空き家所有者の費用負担のも

とでリフォームが行われます。もちろん、建て替える場合にも、解体・除却する場合にも同様に費用がかかることから、もともと（ほとんど）使用していない空き家物件にコストをかけて利活用しようという発意が生じにくいといえます。

このように、空き家所有者の費用負担が発生することが、空き家が放置されてしまう大きな要因となっています。

02 金融機関による「空き家解体・利活用ローン」の展開例

地方自治体において、空き家のリフォームや解体費用に対する補助事業を行っているところも多数見られますが、補助金だけでそのすべてをまかなうことは困難です。

そのような中、金融機関では、空き家の解体や利活用に対するローンの提供が進められています。地方自治体との連携強化も進んでおり、地方自治体が補助金交付を決定した物件の所有者に対しては、金利優遇措置が行われる場合も多く見られます。

（1）常陽銀行の「空き家解決プラン」

例えば、茨城県の常陽銀行では、地域が抱える空き家問題の解決に向けて、「常陽 空き家解決プラン」の提供が平成27年8月から開始されています。

この「常陽 空き家解決プラン」は、「空き家」に関連するさまざまな資金ニーズに応えるため、「解体コース」「再生コース」「活用コース」の3つのコースが用意されています。

「解決コース」は、無担保のローンであり、条件に見合えば上限1,000万円の融資を受けることができます。

「再生コース」は、「小〜中規模修繕・増改築向け常陽リフォームローン」、「大規模な修繕・増改築向け常陽リフォームローン」、「建替え等向け常陽住宅ローン」に分かれており、それぞれ1,000万円、2,000万円、1億円を上限として融資を受けることができます。

「活用コース」は、平成25年9月から提供が開始された「常陽リバースモーゲージローン『住活スタイル』」という商品を活用しています。これは、一般社団法人移住・住みかえ支援機構（JTI）が実施する「マイホーム借上げ制度」および「家賃定額保証制度」の利用者を対象に提供されるものです。

(2) リバースモーゲージを活用した市町村との連携スキーム

リバースモーゲージは、一般的に不動産を担保として融資を受け、契約期間終了時に担保不動産の処分などにより元利一括返済を行いますが、この「住活スタイル」のスキームでは、JTIが空き家を借り上げることが融資の条件とされており、借り上げた空き家をJTIが転貸借します。常陽銀行は、その賃料を担保として空き家所有者に融資を行うスキーム（賃料返済型リバースモーゲージローン）となっています。

このスキームを活用することにより、一般的なリバースモーゲージと同

● 図表1-24 常陽リバースモーゲージローン「住活スタイル」の概要

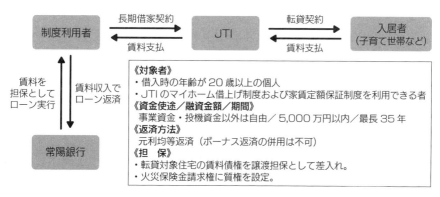

様に、自宅を売却することなく不動産をキャッシュに変えることができるのです。

① 茨城県土浦市の提携例

茨城県土浦市は、常陽銀行と提携を行い、土浦市中心部（一定の市街地エリア）に住替えを行う場合、または土浦市の中心部から郊外部等への住替えを行う場合に、上記の「住活スタイル」の適用を図り、市内中心部の空洞化および円滑な住替えの支援を行っています。このローン利用者に対し、常陽銀行は金利優遇を行っています。

② 茨城県利根町の提携例

また、茨城県利根町と常陽銀行が提携したケースは、利根町が平成23年から実施している空き家バンク制度と組み合わせたものです。利根町の空き家バンクを通して利根町内の空き家を取得する場合の費用や、リフォーム費用に金利優遇の伴った融資を行っています。また、空き家バンクを利用して利根町に住み替える転入者に対して、上記の転入前の持ち家を活用できる「住活スタイル」が金利優遇により提供されています。

(3) JTIと金融機関の連携

前述のJTIの「マイホーム借上げ制度」では、入居者がいない時の空室時保証賃料が設定されていますが、この保証賃料は数年ごとに市況や物件の経年劣化により見直されることとなっています。

なお、「マイホーム借上げ制度 最低家賃保証型」では最長35年間、定額の最低賃料が保証されており、空き家所有者は、定額保証の残り期間・保証額に応じてJTIと提携した金融機関が提供する各種ローンを利用できます。返済については、賃料収入を充てることで負担が軽減され、用途のない空き家を売却することなく活用できるメリットがあります。

上記例にあげた常陽銀行のほか、埼玉りそな銀行・十六銀行・スルガ銀行・第四銀行・大正銀行・中国銀行・八十二銀行・北陸銀行・北海道銀行

がJTIと提携し、ローンを提供しています（2016年7月現在。JTIホームページによる）。

03 空き家所有者のサポートに向けた各主体の連携

　このように、空き家の再生や利活用、移住・定住の推進のためには金融機関と地方自治体の連携も重要となりますが、これまでも触れてきたように、さまざまな理由により、空き家所有者が空き家の利活用に踏み切れない、そのような発意をもてない状況が多くあります。

　空き家所有者にとって、「空き家をどうすればよいのか」という問題については、幅広い専門知識も必要となり、自身だけで答えを見出すことは非常に困難です。また、物件の権利者が複数にわたる場合には、その意見調整も大変な作業となります。

　そのような状況を踏まえて、空き家相談会が開催される地域も多くなりました。地方自治体や地元の不動産団体が主導で行われるケースが主なもので、空き家問題解決には幅広い知識・知見が求められることから、税理士、司法書士、建築士、土地家屋調査士など、多様な専門家が集まって対応を行っています。金融機関においても、金融分野の専門家として積極的に連携・サポートを図ることが期待されます。

　空き家は社会問題としてクローズアップされることが多くありますが、利活用可能な空き家も数多くあり、単に売買や賃貸するだけでなく、地域コミュニティや地域創生の拠点となる場合もあり、地域の資源となる可能性を秘めています。

　そのためには、多分野にわたる専門家の知恵や支援が必要になり、地方自治体と金融機関もその重要な役割の一翼を担っているといえます。

Question 12
空き家再生・活用のユニークな事例

ここまで空き家問題の現状やそれに対する国・自治体による法制度の整備、各事業者等による空き家対策の取組みをみてきましたが、そのほかに特色ある空き家の再生・活用の例などはあるでしょうか？

Answer

空き家の増加について、大きな社会問題としてとらえた報道が目につきがちですが、空き家を1つの「地域資源」としてとらえ、利活用を図る取組みも多く行われています。

01 事例集「不動産ストックビジネスの発展と拡大に向けて」

　平成28年3月に、国土交通省土地・建設産業局不動産市場整備課より「不動産ストックビジネスの発展と拡大に向けて」という事例集が発表されました（http://www.mlit.go.jp/common/001122899.pdf）。
　この中では、「本格的な人口減少・超高齢社会が到来する中、不動産に関わる産業も、「箱の産業」として不動産の管理・仲介を担うのみならず、いわば「場の産業」として、まちづくりとの連携を深め、地域の新たな需要に対応した不動産ストックの再生・活用に貢献していくことが求められています。（「箱の産業」から「場の産業」へ）」と記されています。

不動産の再生・活用というと、とかく不動産業の専業分野と思われがちですが、これからは地域の問題、地域の資源ととらえ、行政や他の事業者と連携しながら、その地域の需要を掘り起こすことにより「場の産業」としてとらえていくことが重要となります。

この事例集では、実践にあたってのポイントを以下の3つに整理し、先進的な取組みの紹介を行っています。

> （1） 地域の新たな需要の掘り起こし
> （2） 人材ネットワークの構築
> （3） 資金調達手法の工夫

空き家の再生・利活用の検討や実際の取組みにおいて参考となる、金融機関を含めた各種事業者による事例が収載されています。ぜひご覧ください。

本書では、この事例集には掲載されていない空き家再生・利活用の事例についてご紹介しましょう。

02　「OKINAWA型中古住宅流通研究会」の空き家再生の取組み

「OKINAWA型中古住宅流通研究会」とは、国土交通省土地建設産業局不動産業課がこれまで進めてきた事業者間連携協議会による不動産流通市場活性化の取組み（http://anshin-ouchi.com/index.html）の中で組成された組織であり、沖縄の若い力によりつくられた組織です。

平成27年度は、沖縄県の補助事業により、「沖縄特化型既存住宅流通活性化プロジェクト」として活動しています。主なメンバーとして、柿本氏（株式会社佐平建設）を中心に、下地氏（株式会社クロトン）、新里氏

（アーキテクトラボ・ハローム）の3名が連携、それぞれの得意分野を活かしながら、それぞれの強みを発揮することによって不動産の流通や空き家の再生・利活用に取り組んでいます。

中心的存在である柿本氏は、多くの事業の企画を担当し、建設会社、不動産会社、管理会社の運営を行っています。

下地氏は、設計分野に強く、不動産も取り扱っており、空き家再生のプロジェクトなども手掛けています。

新里氏は、設計分野に加えて、インスペクション分野に強みを持っています。

つまり、先に紹介した不動産の再生・活用における3つのポイントのうち「人材ネットワークの構築」がこの3名を中心として実践されているのです。

（1）シェアハウスプロジェクト

まず、シェアハウスプロジェクトをご紹介します。

沖縄にも低未利用となっている不動産ストックが多く存在します。それらをシェアハウスとして利活用を図るプロジェクトですが、そこには沖縄ならではの特徴が反映されています。

① シングルマザーシェアハウス「Grow-城岳-」

1つは、シングルマザーシェアハウス「Grow-城岳-」（那覇市）です。

沖縄県は現在、離婚率が全国でトップの県であり、若いシングルマザーが多く暮らしています。そのような女性を支援するシングルマザー専用のシェアハウスです。

時間のないシングルマザー向けに、付加サービスとして「キッチン、トイレ、風呂場などの共用部分の清掃」、「夕食の調理」、「チャイルドシッター派遣」の3つのサービスの提供があります。

この物件の賃料は48,200円〜63,200円、管理共益費20,000円（水道光

●シングルマザーシェアハウス「Grow-城岳-」(那覇市)

熱費、共用雑費等)で、定期借家契約により提供されています。

② イングリッシュシェアハウス「SAKURA」

もう1つは、イングリッシュシェアハウス「SAKURA」(那覇市)です。

海外移住や出張等で英語を学びたい社会人や学生を対象としており、英語圏出身の外国人と共同生活を送ることで英語の習得を行います。ただ共同生活を送るのではなく、TOEIC対策や英会話レッスンを低価格で受けることも可能で、英会話パーティなどの各種イベントも用意されています。

この物件の賃料は 32,000 円〜65,000 円、管理共益費 12,000 円で、同じく定期借家契約により提供されています。

これらは、一般の戸建て住宅やマンションの空き家を再生したものですが、この2つのプロジェクトは、沖縄という地域ならではの特性を踏まえて「需要の掘り起こし」を行っているのです。

(2) リゾート施設「コンビニアム」

　最後にご紹介するのは、「コンビニアム」というプロジェクトです。沖縄県といえばリゾート観光が特色ですが、通常のリゾートホテルは宿泊費が高く、なかなかロングステイに向いた宿泊施設がない状況にあります。

　このプロジェクトは、地域にある不動産ストックを活用して民泊のマッチング事業を行うもので、すでに旅館業法の申請を終え、現在、本格的な展開が進められています。

　「conveniam（コンビニアム）」の名称は、「convenience（便利な）」＋「condominium（コンドミニアム）」を掛け合わせた造語です。コンビニエンスストア等にチェックインポイントを設け、ユーザー登録・本人認証を行った宿泊者がスマートフォン等の情報端末を利用して予約当日の来訪確認や開錠手続きを行うことで、借り手・貸し手ともに安心・安全なマッチングサービスを提供するところに特徴があります。

　この取組みも、見事に地域の事業者が連携し、需要の掘り起こしを行っている事例といえます。

●コンビニアム（豊見城市）

第2章
空家対策特別措置法の理解

Question 13
空家対策特別措置法の概要

空家対策特別措置法は、どのような事情を背景として、どのような目的で制定された法律なのでしょうか？

Answer

空家対策特別措置法は、わが国の空家が増加し続け、2013（平成25）年には空家の数は820万戸に達し、空き家率は13.5％と過去最高となった事実をふまえ、建物の老朽化等による倒壊の危険、建物倒壊による緊急避難路の通行不可等の「防災上の問題」、ゴミの不法投棄等や放置した樹木等から虫の発生等の「衛生上の問題」、落書きや樹木が伸び放題となる等の「景観の悪化」等の問題に対処するために新たに立法されたものです。

この法律は、問題のある空き家等への対応と空き家等の利活用の2つを主な立法目的としています。

01 わが国の空き家の現状

近年、わが国における人口減少や既存の住宅・建築物の老朽化、社会的ニーズの変化および産業構造の変化等に伴い、居住その他の使用がなされていないことが常態である住宅その他の建築物またはこれに附属する工作物およびその敷地が年々増加しています。

2013（平成25）年10月に総務省が実施した住宅・土地統計調査の速報

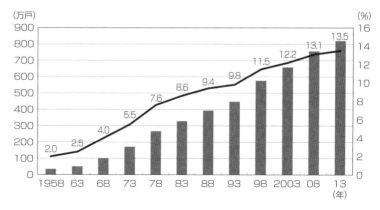

●図表 2-1　空き家数および空き家率の推移

出所：平成 25 年住宅・土地統計調査（総務省）

●図表 2-2　空き家の種類別内訳

賃貸用の住宅	52.4%
売却用の住宅	3.8%
二次的住宅	5.0%
その他の住宅	38.8%

出所：平成 25 年住宅・土地統計調査（総務省）

値（2014 年 7 月 29 日公表）によると、わが国の空き家は年々増え続けており、図表 2-1 のとおり、空き家の数は 820 万戸に達しています。全国の総住宅数が 6,063 万戸ですから、空き家率は 13.5％となり、約 7 軒強に 1 件が空き家になっているという深刻な状況が明らかになりました。

また、空き家の種類別内訳としては、図表 2-2 のとおり、賃貸用の住宅の空き家が過半数を占め、売却用の住宅空き家や二次的住宅の空き家以外の、賃貸や売買等の目的のない「その他の住宅」は 38.8％（約 318 万戸）もあります。これらの「その他の住宅」は、利活用の目的を有しない老朽貸家がその多くを占めるものと推定されます。

02　空家対策特別措置法の2つの立法目的

　空家対策特別措置法は、適切な管理が行われていない空き家等が、防災、衛生、景観等の生活環境に深刻な影響を及ぼすものであることから、1つには、問題のある空き家等の除却その他の対策を講じることを可能にすること、もう1つは利活用が可能な空き家等の有効活用を行うこと、の2つの目的を実現するために制定された法律です。

03　空家対策特別措置法の概要

　この法律は、国が空き家等に関する施策の基本方針を策定し、市町村（特別区を含みます）は、国の定めた基本方針に即した「空家等対策計画」を策定し、実行していくこととされています。
　この法律の施行により、市町村は、①空き家等への立入調査権、②所有者不明の空き家等の所有者調査のための固定資産税情報の内部利用、③空き家等のデータベースの整理、④適切な管理等が行われていない空家等の所有者等に対する助言または指導、⑤空き家を「特定空家等」として指定し、これについて除却その他の措置の勧告、⑥特定空家等の所有者に対する措置命令の発令等により適切な管理を促すことができるようになり、特定空家等の所有者がこれに従わない場合は、⑦行政代執行によって特定空家等の除却等による環境の保全を図ることが可能になりました。
　2015（平成27）年2月26日に一部施行された空家対策特別措置法は、同年5月26日から完全施行されました。

Question 14
市町村による空家等対策措置の内容

　空家対策特別措置法では、空き家等に対する市町村の権限が大幅に強化されたと聞いたのですが、この法律では、市町村にはどのような権限が認められ、どのような手続きがとられるのでしょうか？

Answer

　空家対策特別措置法では、市町村は、①空き家等の立入調査権、②適切な管理が行われていない空き家等の所有者等に対する必要な助言または指導、勧告、③措置命令の発令等ができるようになり、特定空家等の所有者等がこれに従わない場合は、④行政代執行によって特定空家等の除却等による生活環境の保全を図ることが可能になりました。また、市町村長は、所有者不明の空き家等の所有者を調査するための固定資産税情報の内部利用を行い、市町村は空き家等のデータベースの整理を行うこととされています。

01　市町村の立入調査権

　空家対策特別措置法において、市町村長は、区域内にある空き家等の所在および当該空き家等の所有者等を把握するための調査その他空き家等に関しこの法律の施行のために必要な調査を行うことができるものとされています（法9条）。市町村長は、空き屋等に関し、除去、修繕、立木竹の伐採、その他生活環境の保全に必要な措置に必要な限度において、職員ま

たはその委任した者に、空家等と認められる場所に立ち入って調査をさせることができます。具体的には、敷地外からの外観調査、近隣住民への聞取り調査、不動産登記簿等の調査、ガス、電気、水道等の利用状況調査、住民票や戸籍謄本の調査等の任意調査（法9条1項の調査）と、必要に応じて内部に立ち入り、柱や梁等の状況を確認する等の調査（法9条2項の調査）までを行うことができます。

02 助言または指導

(1) 空き家等についての助言・指導

所有者等による空き家等の適切な管理を促進するため、市町村は、法12条に基づき、空き家等の所有者等に対し、例えば時々の通水、換気、清掃等の適切な管理または適宜の除草、立木竹の伐採、枝打ち等により空き家等の劣化を防ぐことができる旨の助言を行ったり、空き家等を日頃管理することが難しい所有者等については、当該空き家等を適切に管理する役務を提供する専門業者に関する情報を提供したりすることが考えられます。

(2) 特定空家等についての助言・指導

また、市町村長は、特定空家等の所有者等に対し、除却、修繕、立木竹の伐採その他周辺の生活環境の保全を図るために必要な措置をとるよう助言または指導をすることができます（法14条1項）。

03 勧告

市町村長は、特定空家等について、上記02（2）の助言または指導を行った場合において、なお当該特定空家等の状態が改善されないと認める

ときは、当該助言または指導を受けた者に対し、相当の猶予期限を付けて、除却、修繕、立木竹の伐採その他周辺の生活環境の保全を図るために必要な措置をとることを勧告することができます（法14条2項）。

　この勧告がなされると、当該特定空家等に係る土地について、住宅用地に係る固定資産税および都市計画税の課税標準の特例措置（居住用家屋の敷地において固定資産税等の課税標準額を最大で6分の1にする特例措置）の対象外とされることになり、一気に固定資産税が増額されることになります。

04　措置命令

　市町村長は、勧告を受けた者が、正当な理由がなくその勧告に係る措置をとらなかった場合において、特に必要があると認めるときは、その者に対し、相当の猶予期限を付けて、その勧告に係る措置をとることを命ずることができます（法14条3項）。措置命令をした場合は、特定空家等に標識の設置等を行うことができ、その旨が公示されることになります。

05　代執行

　市町村長は、措置を命じられた者がその措置を履行しないとき、または履行しても十分でないとき、または履行しても期限までに完了する見込みがないときは、行政代執行法の定めに従って、自ら義務者のなすべき行為をし、または第三者をしてこれをさせることができるものとされました（法14条9項）。

　従来の行政代執行法のもとでは、所有者を確知できない場合には代執行によることが困難でしたが、空家対策特別措置法では、所有者が不明な場合であっても代執行ができるものと定められている点に特徴があります。

これにより、適切な管理が行われておらず、周辺の生活環境等に悪影響を及ぼすことが懸念される特定空家等に対する適切な対応がなされ、周辺の生活環境の維持を図ることが可能となります。

Question 15
空き家の所有者等に求められる措置

空家対策特別措置法により、空き家等に関する規制が定められているようですが、この法律は、空き家等の所有者に対しては何か責務を課しているのでしょうか？

Answer

空家対策特別措置法の下でも、空き家等対策の基本は、空き家の所有者が対策を講じるのが原則と考えられており、空家対策特別措置法においては、同法3条で「空家等の所有者又は管理者（以下「所有者等」という。）は、周辺の生活環境に悪影響を及ぼさないよう、空家等の適切な管理に努めるものとする」と定めています。

したがって、この法律の施行によって、空き家等の所有者等が自分の所有物であるから空き家にしていようが、どのような管理をしようが自由であるとは言えなくなります。

01 空家対策措置法が定める所有者等の責務とは

空家対策特別措置法3条は、空き家等の所有者の責務として、

> 空家等の所有者又は管理者（以下「所有者等」という。）は、周辺の生活環境に悪影響を及ぼさないよう、空家等の適切な管理に努めるものとする。

と定めています。

　本来、空き家の所有者は、自己の所有物であればそれをどのように扱おうと自由であると考えることもできないではないのですが、この法律の対象とする空き家等については、倒壊等による死傷者の発生や、建物倒壊によって緊急避難路をふさいでしまうなどの防災上の問題、ゴミの不法投棄等による衛生問題、放置した樹木等から虫が発生する等の衛生上の問題、樹木等が伸び放題となったり、落書き等による見栄えの悪化等の景観悪化などの社会環境上の悪影響を及ぼしかねません。

　したがって、空家対策特別措置法では、市町村の権限を強化して対策を講じることとしてはいますが、それでも、基本は、空き家等の所有者が対策を講じるのが原則と考えられているのです。

　この法律が空き家等の所有者等に求めているのは、「周辺の生活環境に悪影響を及ぼさないよう、空家等の適切な管理に努めるものとする」ということで、これは空き家等の所有者に努力義務を課したものと考えられます。

02 空き家等の適切な管理

　空き家等の所有者は、空き家が周辺の生活環境に悪影響を及ぼさないようにするため、空き家等が倒壊して近隣に被害を与えることのないよう管理し、衛生上の問題や景観を悪化させないよう管理を行う必要があります。

　具体的には、以下のような事項に配慮する必要があります。

（1）建物が倒壊することのないよう適切な管理を行う

　わが国では空き家の約3分の2が1981（昭和56）年6月1日よりも前に建築確認を得て建設された建物（いわゆる「旧耐震建物」）です。これ

らが老朽化等により、万が一にも倒壊して近隣へ迷惑をかけることのないよう、必要に応じて補修工事や耐震補強工事等に努めることが必要です。

(2) 衛生面や環境面で問題を生じないよう務める

定期的に清掃や通風、通水を行い、樹木の伐採あるいはゴミ等を放置しないなど、衛生面や景観の維持に努める必要があります。

03 市町村による立入調査への応諾

市町村長は、空き家対策に関して必要がある場合には、必要な調査を行うことができるとされ、当該職員または委任した者に立入調査をさせることができることが規定されています（空家対策特別措置法9条1項・2項）。立入調査に際しては、所有者等に対し、調査の5日前までには通知をします（同法9条3項本文）。この立入調査を拒否した場合には20万円以下の過料の制裁が課されます（同法16条2項）。

04 空き家等の除却命令等に対する対応

空き家等の所有者が適切な管理を怠り、当該空き家等がそのまま放置されれば危険あるいは衛生上有害である等と判断されたもの（これを「特定空家等」といいます）について、市町村からの指導・助言、勧告、措置命令等が出されますが、所有者がそれにも従わなかった場合には、最終的には行政代執行により当該空家等が除却され、その除却に要した費用は所有者等が負担しなければなりません（空家対策特別措置法14条各項）。

Question 16
空家対策特別措置法上の「空家等」

空家対策特別措置法では、「空家等」という概念が用いられていますが、同法にいう「空家等」とは、何を指しているのでしょうか？

Answer

「空家等」とは、建築物またはこれに附属する工作物であって居住その他の使用がなされていないことが常態であるものおよびその敷地（立木その他の土地に定着する物を含む）をいいます。ただし、国または地方公共団体が所有し、または管理するものは除かれています。

空家対策特別措置法では、「空家等」とは、「建築物又はこれに附属する工作物」であって居住その他の「使用がなされていないこと」が「常態である」ものおよびその敷地（立木その他の土地に定着する物を含む）をいう（ただし、国または地方公共団体が所有し、または管理するものを除く）とされています（同法2条）。

したがって、「空家等」との文言にかかわらず、その対象は、建築物等に限られず、その敷地も対象となります。ただし、敷地も対象となるとはいえ、建築物の建っていない単なる「空き地」は「空家等」には含まれません。

01 「建築物又はこれに附属する工作物」

　ここにいう「建築物」とは、建築基準法2条1号の「建築物」と同じであると解されています。すなわち、土地に定着する工作物のうち、屋根および柱または壁を有するものやこれに附属する門または塀等をいいます。

　「これに附属する工作物」とは、ネオン看板等のように、門または塀以外の建築物に附属する工作物のことです。したがって、空き家等とは住宅に限らず、店舗や事務所、倉庫、工場等、すべての建築物が対象となることに注意が必要です。

02 居住その他の「使用がなされていないこと」

　この法律において、居住その他の「使用がなされていないこと」とは、人の日常生活が営まれていないこと、あるいは、営業が行われていないなど当該建築物等を現に意図をもって用いていないことをいいます。

　使用の有無は、市町村が調査を行う一環として、①建築物の用途、②人の出入りの有無、③電気、ガス、水道の使用状況およびそれらが使用可能な状況にあるか否か、④建築物の所有者等の住民票の内容、⑤建築物の適切な管理が行われているか否か、⑥建築物の所有者等によるその利用実績についての主張等から客観的に判断されることになります。

03 使用がなされていないことが「常態である」

　「常態である」とは、建築物が長期間にわたって使用されていない状態をいいます。長期間とはどの程度なのかということが問題になりますが、

1つの具体的な判断基準としては、「1年間にわたって使用されていないこと」はこれに該当すると考えられます。

　「居住その他の使用がなされていないことが常態であるもの」を空き家等と判断し、この法律が適用されることになりますが、「居住その他の使用がなされていないこと」とは、人の日常生活が営まれていない、営業が行われていないなど当該建築物等を現に意図をもって使い用いていないことをいいます。

　このような建築物等の使用実態の有無については、法9条1項の市町村長による調査の一環として、調査時点での建築物等の状況を基に、建築物等の用途、建築物等への人の出入りの有無、電気・ガス・水道の使用状況およびそれらが使用可能な状態にあるか否か、建築物等およびその敷地の登記記録ならびに建築物等の所有者等の住民票の内容、建築物等の適切な管理が行われているか否か、建築物等の所有者等によるその利用実績についての主張等から客観的に判断することが望ましいとされています。

　つまり、「居住その他の使用がなされていない」ことが「常態である」とは、建築物等が長期間にわたって使用されていない状態をさし、前述のとおり、例えば概ね年間を通して建築物等の使用実績がない家屋については、本法にいう「空家等」に該当すると考えられます。

Question 17
「特定空家等」の範囲

空家対策特別措置法では、「空家等」という概念のほかに、「特定空家等」という概念が定められていますが、特定空家等とは、空家等の中でどのような状態の空家等を指すのでしょうか。

Answer

「特定空家等」とは、①そのまま放置すれば倒壊等著しく保安上危険となるおそれのある状態または、②著しく衛生上有害となるおそれのある状態、③適切な管理が行われていないことにより著しく景観を損なっている状態、④その他周辺の生活環境の保全を図るために放置することが不適切である状態にあると認められる空き家等をいいます。

01 「特定空家等」の定義

空家対策特別措置法では、適切な管理がなされていない空き家等のうち、次の4つの状態にあるものを「特定空家等」と定義しています（同法2条2項）。

① そのまま放置すれば倒壊等著しく保安上危険となるおそれのある状態
② 著しく衛生上有害となるおそれのある状態

> ③ 適切な管理が行われていないことにより著しく景観を損なっている状態
> ④ その他周辺の生活環境の保全を図るために放置することが不適切である状態

　これを見ると、防災、衛生、景観その他の生活環境の保全維持を目的として「特定空家等」という概念が定められており、この法律制定前の各自治体による空家等対策条例のような「防犯」自体は、この法律の直接の目的とはされていないことがわかります。

02 「特定空家等」に該当のおそれのある具体的な状態

　前に示した4つの状態に関する定めは抽象的なものですので、具体的な内容として、「『特定空家等に対する措置』に関する適切な実施を図るために必要な指針（ガイドライン）」の別紙1〜4に、参考となる基準が定められています。その概略をみてみましょう。

(1) そのまま放置すれば倒壊等著しく保安上危険となるおそれのある状態

> ① 建築物が倒壊するおそれがある
> ・基礎に不同沈下がある
> ・柱が傾斜している
> ・基礎が破損または変形している
> ・土台が腐朽または破損している等
> ② 屋根、外壁が脱落、飛散等するおそれがある
> ③ 擁壁が老朽化し危険となるおそれがある
> ・擁壁表面に水がしみ出し、流出している

Question 17 「特定空家等」の範囲

(2) そのまま放置すれば著しく衛生上有害となるおそれのある状態

- 建築物が破損しており吹き付け石綿等が飛散し暴露する可能性が高い
- 浄化槽等の破損等による汚物流出、臭気の発生等があり日常生活に支障を及ぼしている
- ごみ等の放置、不法投棄による臭気の発生、虫等の発生があり日常生活に支障を及ぼしている

(3) 適切な管理が行われていないことにより著しく景観を損なっている状態

- 景観法に基づく景観地区の制限に著しく適合しない状態
- 地域で定められた景観保全にかかるルールに著しく適合しない状態
- 多数の窓ガラスが割れたまま放置されている
- 立木等が建築物の全面を覆う程度まで繁茂している
- 敷地内にごみ等が散乱、山積したまま放置されている

(4) その他周辺の生活環境の保全を図るために放置することが不適切である状態

- 立木の枝等が近隣の道路等にはみ出し、歩行者の通行を妨げている
- 動物・虫類の発生等を原因として日常生活に支障を及ぼしている
- シロアリが大量に発生し、近隣の家屋に飛来し、地域住民の生活環境等に悪影響を及ぼすおそれがある
- 門扉が施錠されていない等、不特定の者が容易に侵入できる状態で放置さ

れている
・屋根の雪止めの破損など不適切な管理による落雪が発生し、通行を妨げている

03 「特定空家等」は住居建物に限られない

　Question 16 の解説のとおり、「空家等」とは、「建築物又はこれに附属する工作物」であって居住その他の「使用がなされていないこと」が「常態である」ものおよびその敷地であり、住居に限らず、店舗、事務所、倉庫、工場等すべての建築物が対象となります。

　「特定空家等」とは「空家等」のうち、上記の4つの状態であるものをいいますので、特定空家等についても住居に限らず、店舗、事務所、倉庫、工場等なども上記の状態にあると判断されれば、特定空家等に含まれることになります。

　なお、前記のガイドラインが示しているのは、特定空家等の判断に際してあくまでも参考となる基準の例示であり、ガイドラインに記載されていないケースであればいっさい特定空家等には該当しないと即断することはできないことに注意する必要があります。

Question 18
特定空家等の「所有者等」とは

空家対策特別措置法では、特定空家等の「所有者等」に対して、助言・指導や勧告、命令等がなされるようですが、「所有者等」とは、所有者のほかに、どのような立場の者がこれに該当するのでしょうか？

Answer

空家対策特別措置法は、空き家等の所有者または管理者を「所有者等」と定義しています。したがって、空き家等の所有者ではなくとも、当該空き家等を管理する立場にある者も、空家対策特別措置法に定める責務を負うことになります。

01 空き家等対策のための措置の対象

空家対策特別措置法は、空き家等対策における市町村の権限を強化していますが、空家等対策は市町村だけで行うことはできません。

空家対策特別措置法に定められている措置としては、法12条に基づき空き家等の「所有者等」に対し、例えば時々の通水、換気、清掃等の適切な管理または適宜の除草、立木竹の伐採、枝打ち等により空き家等の劣化を防ぐことができる旨の助言を行ったり、空き家等を日常管理することが難しい所有者等については、当該空き家等を適切に管理する役務を提供す

る専門業者に関する情報を提供したりすることが考えられています。また、市町村長は、特定空家等の「所有者等」に対し、除却、修繕、立木竹の伐採その他周辺の生活環境の保全を図るために必要な措置をとるよう助言または指導をすることができるのですが、これらの助言・指導はいずれも空家等の「所有者等」に対して行うことになっています。

　そして、当該助言または指導を受けた者に対し、生活環境の保全を図るために必要な措置をとることを勧告することができ（法14条2項）、勧告を受けた者が、正当な理由がなくその勧告に係る措置をとらなかった場合において、特に必要があると認めるときは、その者に対し、相当の猶予期限を付けて、その勧告に係る措置をとることを命ずることができます（法14条3項）。

　このように、空き家等対策のための措置は「所有者等」に対して命じられることになっています。

02 「所有者等」とは

　空家対策特別措置法は、空き家等の所有者の責務として、「空家等の所有者又は管理者（以下「所有者等」という。）は、周辺の生活環境に悪影響を及ぼさないよう、空家等の適切な管理に努めるものとする」と定めています（同法3条）。

　この法律にいう「所有者等」とは、市町村が必要と考える指導・助言・勧告・措置命令等の発令等の相手方として、市町村の求める、周辺の生活環境に悪影響を及ぼさないよう空き家等の適切な管理に努めることができる権限を有する者を意味しています。そのような権限を有していない者を相手方として、指導・助言・勧告・措置命令等の発令等を行っても無意味だからです。

　そうであるとすると、空き家等の「所有者等」とは、空き家の所有者だ

けではなく、空き家の所有者に代わって、空き家を管理し、時々の通水、換気、清掃等の適切な管理または適宜の除草、立木竹の伐採、枝打ち等により空き家等の劣化を防ぐことを行う権限を有し、除却、修繕、立木竹の伐採その他周辺の生活環境の保全を図るために必要な措置をとる権限を有する者を指すものと考えられます。

　したがって、「所有者等」の範囲としては、例えば高齢となった空き家等の所有者が施設に入所するにあたり、空き家等の適切な管理から処分までを委託された親族や、空き家所有者との間で、空き家等の適切な管理や処分を委託された任意後見契約を締結し、当該所有者が認知症等により意思能力を喪失した場合の任意後見人なども含まれるものと考えられます。

Question 19
特定空家等に指定された時のデメリット

親から相続した空き家を所有していますが、もう数年間は出入りもしていませんし、格別の管理も行っていません。もし、「特定空家等」に該当すると判断された場合には、どのような不利益を受けるのでしょうか？

Answer

特定空家等に該当すると判断されると、市町村長から当該特定空家等について、助言・指導の対象となり、それでも改善しない場合は勧告を受け、勧告を受けると、当該特定空家等の敷地の固定資産税や都市計画税の軽減措置が適用されなくなりますので固定資産税等が一気に増額されます。

また、勧告に従わなかった場合には、措置命令が発令され、それでも改善されない場合には最終的に除却等の行政代執行がなされ、その費用は所有者が負担することになります。

01 特定空家等に対する措置

空家対策特別措置法では、特定空家等に対して一定の措置をとることが定められていますが、その措置は4段階にわかれており、それぞれのステップを踏んで進められていきます。

4段階の措置は、次のとおりです。

① 市町村長による助言・指導
② 市町村長による勧告
③ 市町村長による相当の猶予期限をつけた措置命令
④ 市町村長による代執行

02 助言・指導後に市町村長から勧告を受けた場合の不利益

　特定空家等に該当すると判断された場合でも、いきなり勧告を受けることはありません。まずは、市町村長から、特定空家等として適切でない管理状況を改善するための助言や指導が行われます。それにもかかわらず、改善されていないと判断されたときに、勧告がなされます。

　勧告がなされると、当該特定空家等の敷地について、それが住宅用地として固定資産税や都市計画税の減額措置を受けている場合には、勧告を受けた年の翌年度から、その減額措置の適用対象からはずされることになります。

　空家対策特別措置法15条2項は、「国及び地方公共団体は、市町村が行う空家等対策計画に基づく空家等に関する対策の適切かつ円滑な実施に資するため、必要な税制上の措置その他の措置を講ずるものとする」と定めており、これに伴い、同法に基づく必要な措置の勧告の対象となった特定空家等にかかる土地について、住宅用地にかかる固定資産税および都市計画税の課税標準の特例措置の対象から除外する旨が決定されています。

　住宅用地については、200平方メートルまでは固定資産税の課税標準を6分の1、都市計画税を3分の1とし、200平方メートルを超える場合は、超えた部分につき固定資産税の課税標準を3分の1、都市計画税を3分の

2とする特例が適用されますが、特定空家等に対して市町村長から勧告が出されると、翌年度からこの特例の適用を受けることができなくなり、固定資産税や都市計画税が増額されることになります。

03 勧告後の措置命令

市町村長は、勧告を受けた者が正当な理由なくその勧告にかかる措置をとらなかった場合において、特に必要があると認めるときは、その者に対し、相当の猶予期限を付けて、その勧告にかかる措置をとることを命ずることができます（法14条3項）。措置命令が発令されるのは、勧告に対し、「正当な理由」なく措置をとらなかった場合と規定されていますが、勧告にかかる措置を行うための資金不足ということは「正当な理由」にはなり得ないと考えられています。措置命令に従わなかった場合には、50万円以下の過料を課せられることになります。

04 措置命令後の代執行

空家対策特別措置法14条9項は、市町村長は、「措置を命ぜられた者がその措置を履行しないとき、履行しても十分でないとき又は履行しても同項の期限までに完了する見込みがないときは、行政代執行法（昭和二十三年法律第四十三号）の定めるところに従い、自ら義務者のなすべき行為をし、又は第三者をしてこれをさせることができる」と定めています。

最終的には、特定空き家等の除却（解体・撤去）が行われることになります。その場合には、当然ながら、除却されたまま1月1日を迎えるとその年度から固定資産税や都市計画税は増額となりますし、代執行に要した費用は市町村から所有者等に請求されることになります。

Question 20
特定空家等に指定されないためには

空家対策特別措置法では、自分の所有している空き家等が、市町村の立入調査等の結果、「特定空家等」と判断されると、助言・指導や勧告、命令の対象になるそうですが、特定空家等に指定されないためには、何をすべきなのでしょうか？

Answer

まずは、少なくとも年に一度は墓参りなどの機会に空き家等に出入りし、清掃や通気・通水などの管理をすることで「空家等」の要件に該当しないようにすることです。仮に、空家等に該当していても、①保安上危険、②衛生上有害、③景観を損なう、④周辺の生活環境の保全に不適という状態を解消すれば、特定空家等の認定は免れます。そうでない場合は、空家管理代行サービス等を利用する、賃貸等により活用する、売却する、除却するのいずれかの方法をとることが必要です。

01 「空家等」の要件に該当しないようにする

そもそも空家等に該当しなければ、特定空家等と判断されることはありません。「空家等」とは、居住その他の「使用がなされていないこと」が「常態である」ものをいいますが、使用がなされていないことが「常態」であるか否かの具体的な判断基準としては、「1年間にわたって使用され

ていないこと」が挙げられています。

したがって、少なくとも1年に1回以上は空家状態の建物に立ち入り、清掃をしたり、寝泊まり等をすれば、そもそも「空家等」とは認定されないことになります。

02 「空家等」に該当すると判断される場合

本来的には、空家等に該当しないようにすることが望ましいのですが、経済的事情や仕事の状況等から、1年以上放置せざるを得ない場合もあり得るかもしれません。その場合には、特定空家等の判断基準となる、①保安上危険となるおそれのある状態、②衛生上有害となるおそれのある状態、③著しく景観を損なっている状態、④周辺の生活環境の保全を図るために放置することが不適切である状態を解消する必要があります。

(1) 空き家管理代行サービスの利用

特定空家等と判断されないためには、不動産管理業者等が行っている空き家管理代行サービスを活用することも1つの方法です。定期的に空き家等を見回り、周辺に有害な結果をもたらさないよう管理をきちんと行っていれば、特定空家等の要件を満たすことはなくなるはずです。

(2) 賃貸借により活用する

特定空家等となるおそれのある物件を第三者に賃貸して、賃借人が当該空き家等を使用収益するようになれば、特定空家等と判断されることは有り得なくなります。もっとも、賃貸が可能な物件であれば、以前から賃貸しているはずであり、賃貸ができない状態のため空き家等になっているというケースは少なくないと思われます。

この場合にネックになるのが、賃貸するために必要となるリフォームに

要する資金です。地方公共団体によっては、特定空家等を修繕するための費用について補助金等が支給される場合もあり得ます。また、金融機関の立場からは空き家活用ローン等の利用が可能であれば、その提案が可能となります。

　また、賃貸するためのリフォーム費用が捻出できない場合、賃貸に必要な工事は賃借人側が行うものとして賃貸する、いわゆる「DIY型賃貸」をすることも考えられます。「Do it yourself」（自分自身でやりなさい）を略して「DIY型」賃貸というのですが、部屋の内装工事等は賃借人の側が行い、賃借人が手を入れた部分は原状回復を免除するというのが一般的で、賃貸借契約にその旨の特約を入れて契約する方法です。

(3) 売却する

　特定空家等の判断がなされる前に売却し、買主が使用収益することにより特定空家等と判断されることはなくなります。しかし、これも売れるものであれば、以前に売却していたというケースも少なくないと思われます。このような場合は、不動産の専門家の支援を得て、建物のコンバージョン（既存建築物の用途を変更し、全面改装する等）を行う事業者への売買等の検討も1つの方策となります。

(4) 除却する

　賃貸も売却も事実上困難であるという場合は、除却を考える必要がでてきます。しかし、除却をする場合には、建築物の解体撤去費用がかかるほか、敷地の固定資産税および都市計画税の住宅用地の軽減措置が適用されなくなり、固定資産税額等が上昇します。このため、跡地利用を検討することとあわせて検討する必要があります。

　除却についても各金融機関の提供する空き家解体ローン等の利用が可能なケースが多いと考えられます。

Question 21
空き家に対する市区町村の立入調査

　空家対策特別措置法では、どのような場合に市町村の立入調査がなされるのでしょうか。これを拒否することはできますか。また、立入調査権は特定空家等に限り行われるもので、単なる空家等の場合は立入調査はなされないと考えてよいでしょうか？

Answer

　空家対策特別措置法は、「市町村長は、当該市町村の区域内にある空家等の所在及び当該空家等の所有者等を把握するための調査その他空家等に関しこの法律の施行のために必要な調査を行うことができる」と規定しています（同法9条）。
　この立入調査を拒否すると20万円以下の過料が課されます。立入調査は対象となる空き家等が特定空家等に該当するか否かの判断のためにも必要ですので、特定空家等ではなくとも、空家等に該当するものに対しては、必要に応じ立入調査が認められます。

01 特定空家等に対する助言・指導等

　空家対策特別措置法では、市町村長は、特定空家等の所有者等に対し、除却、修繕、立木竹の伐採その他周辺の生活環境の保全を図るために必要な措置をとるよう助言または指導をすることができます（法14条1項）。

このような助言・指導をする前提としては、当該特定空家等の状態を確認する必要がありますから、特定空家等について立入調査ができることは当然のことです。

　しかし、未だ、①そのまま放置すれば倒壊等著しく保安上危険となるおそれのある状態、②著しく衛生上有害となるおそれのある状態、③適切な管理が行われていないことにより著しく景観を損なっている状態、④その他周辺の生活環境の保全を図るために放置することが不適切である状態など、特定空家等の要件を充足するには至っていない段階の「空家等」に関しては、周辺に具体的な迷惑をかけている状態ではないのだから、そのような空き家に対して、市町村が立入調査権を持つことが認められるのか、との疑問を持たれる方もおられるかもしれません。

02　空家等に対する立入調査権

　しかし、空家対策特別措置法では、市町村長は、区域内の「空家等の所在及び当該空家等の所有者等を把握するための調査その他空家等に関しこの法律の施行のために必要な調査」を行うことができるものとされています（同法9条）。市町村長は、「空屋等」に関し、除去、修繕、立木竹の伐採、その他生活環の保全に必要な措置に必要な限度において、職員またはその委任した者に、空家等と認められる場所に立ち入って調査をさせることができます。

　空家対策特別措置法9条は、立入調査の対象を特定空家等に限定していません。特定空家等の要件を満たしているとは未だ判断されていない空き家等に対しても市町村の立入調査権が認められています。

　その理由は、わかりやすく言うならば、地域の空き家等が特定空家等に該当するか否かは、立入調査をしなければわからない場合も多々あるためです。空き家等が、特定空家等の要件である上記01で述べた4つの状態

にあるか否かは、実際に当該空家等に立ち入って調査をしなければ正確な判断は困難です。

　したがって、空家対策特別措置法に定める市町村の立入調査権は、特定空家等の場合だけではなく、立入調査の結果、特定空家等に該当しないと判断された場合でも、その結果によって、立入調査権の行使が違法なものになるわけではありません。空家等の段階であっても、個別の状況により、市町村の立入調査権は行使が可能と考えられます。

Question 22
市区町村の指導・勧告に従わない場合

市町村から、私の所有している空き家が倒壊の危険が迫っている特定空家等に該当するので除却するよう勧告を受けました。しかし除却に要する資金がないため放置していますが、その後はどうなるのでしょうか？

Answer

市町村からの勧告にもかかわらず、正当な理由なく必要な措置をとらなかった者に対しては、必要な措置をとることを内容とする措置命令が発令されます。除却に必要な資金がないということは正当な理由にならないのかという点については、一般的には無理であると考えられます。措置命令にもかかわらず必要な措置を講じない場合には、行政による代執行が行われることになります。

01 特定空家等に対する市町村の権限の行使

空家対策特別措置法では、市町村に空き家等への立入調査権を認め、特定空家等の所有者等に対し、市町村が助言・指導、勧告、措置命令、代執行等の権限を有することを認めています。しかし、これらの市町村の権限の行使は、例えばいきなり措置命令が発令されたり、あるいは突然に代執行が行われるということではありません。空家対策特別措置法では、勧

告、措置命令、代執行等は、それぞれの前提となるステップを踏んだうえで、手続きが進行していきます。

02 特定空家等の所有者等に対する勧告

空家対策特別措置法14条2項は、市町村長は、助言または指導をした場合において、なお当該特定空家等の状態が改善されないと認めるときは、当該助言または指導を受けた者に対し、相当の猶予期限を付けて、除却、修繕、立木竹の伐採その他周辺の生活環境の保全を図るために必要な措置をとることを勧告することができる、と定めています。必要な措置をとることの勧告はいきなりなされるわけではなく、それより前に必要な指導または助言がなされており、それにもかかわらず改善がされないと認められる場合に勧告が出されます。この勧告がなされると、勧告の対象となった特定空家等に係る土地については、住宅用地に係る固定資産税および都市計画税の課税標準の特例措置（住宅用地で200平方メートル以下の部分の課税標準は6分の1、都市計画税は3分の1、200平方メートルを超える部分の固定資産税の課税標準は3分の1、都市計画税の課税標準は3分の2とする特例）の対象から除外するとされています。

このような段階を踏んだうえで勧告がなされたにもかかわらず、改善されていないとなると、次は、より厳しい措置が待っています。

03 措置命令の発令

空家対策特別措置法14条3項は、市町村長は、勧告を受けた者が正当な理由がなくてその勧告に係る措置をとらなかった場合において、特に必要があると認めるときは、その者に対し、相当の猶予期限を付けて、その勧告にかかる措置をとることを命ずることができる、と定めています。こ

の措置命令は勧告に従わなかったからといって、直ちに発令されるわけではありません。

> ① まず、市町村は、命じようとする措置・事由、意見書の提出先および提出期限を記載した通知書を交付し、措置を命じようとする者または代理人に意見書および自己に有利な証拠を提出する機会を与えなければならないとされています。
> ② そのうえで、上記①の交付を受けた日から5日以内に、意見書の提出に代えて公開による意見の聴取を行うことを請求することができます。
> ③ 意見の聴取の請求があった場合は、出頭を求めて公開の意見聴取を行わなければならないものとされています。
> ④ その結果、措置命令の内容および意見聴取の期日・場所を3日前までに命じようとする者または代理人に通知・公告します。
> ⑤ ①～④の手続きを経たうえで、措置命令を発令した場合は、特定空家等に標識の設置等、その旨を公示する標識を特定空家等に設置することが可能となります。特定空家等の所有者等は標識の設置を拒否したり、これを妨害することは禁止されています。

04 代執行

このように措置命令が発令され、特定空家等に標識が設置される等に事態に至っても所有者等がこれに応じない場合の措置ですが、空家対策特別措置法14条9項は、究極の措置として、代執行もやむなしとして、「市町村長は、(中略)措置を命ぜられた者がその措置を履行しないとき、履行しても十分でないとき又は履行しても同項の期限までに完了する見込みがないときは、行政代執行法(昭和二十三年法律第四十三号)の定めると

●図表 2-3　空家対策特別措置法の特定空家等に対する措置

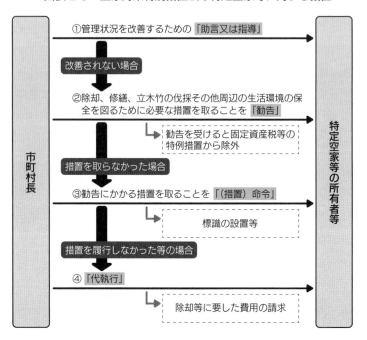

ころに従い、自ら義務者のなすべき行為をし、又は第三者をしてこれをさせることができる」と定めています。

　代執行により、そのまま放置すれば倒壊等著しく保安上危険となるおそれのある状態等の問題のある特定空家等は除却等が行われることになります。この除却等に要した費用は、行政代執行法 5 条の規定に基づき、当該特定空家等の所有者等が負担することとなります。

Question 23
空き家に対する苦情・相談

周辺に放置されている空き家がある場合、周辺住民からの苦情や相談は受け付けてもらえるのでしょうか。また、明らかに特定空家等に該当すると思われるのに指定されていない空き家がある場合に、周辺住民から指定を求めることはできますか？

Answer

空き家対策に関する国の基本指針では、各市町村はできる限り周辺住民の苦情等に対しても迅速に回答するよう努めることとし、各市町村における相談体制の内容や住民に対する相談窓口の連絡先について具体的に記載することが望ましいとしています。

周辺住民には、特定空家等の認定に関する申立権は認められていませんが、こうした相談体制を通じて、特定空家等の指定の際にも周辺住民の意見を十分反映することとされています。

01 空き家等の所有者等および周辺住民からの相談体制の整備

空家対策特別措置法12条には「市町村は、所有者等による空家等の適切な管理を促進するため、これらの者に対し、情報の提供、助言その他必要な援助を行うよう努めるものとする」と規定しています。

この規定を踏まえて、国が定める「空家等に関する施策を総合的かつ計画的に実施するための基本的な指針」（平成27年2月26日付総務省・国土交通省告示第1号、以下「基本指針」といいます）では、空き家等の所有者等に対する相談体制として、例えば自ら所有または管理する空き家等をどのように活用し、または除却等すればよいかについての知見の提供や、引越し等により今後長期にわたって自宅を不在にせざるを得ない場合における今後の対応方針の相談を当該住宅等の所有者等が市町村に求めることが必要である場合が想定されるため、市町村はその要請に迅速に対応することが可能な体制を整備することが望ましいとされています。

　また、空き家等の所有者等に限らず、例えば空き家等の所在地の周辺住民からの当該空き家等に対する様々な苦情や、移住、二地域居住または住み替えを希望する者からの空き家等の利活用の申入れに対しても、市町村は迅速に回答することができる体制を整備することが望ましいとされています。

02　住民等からの空き家等に関する相談への対応

　基本指針では、各市町村に寄せられる空き家等に関する相談の内容としては、例えば空き家等の所有者等自らによる空き家等の今後の利活用方針に関するものから、空き家等が周辺に及ぼしている悪影響に関する周辺住民による苦情まで幅広く考えられるとしており、そのような各種相談に対して、どう対応すべきかについても言及しています。

　基本指針によると、各市町村はできる限り迅速に回答するよう努めることとし、例えば各市町村における相談体制の内容や住民に対する相談窓口の連絡先について具体的に記載することが望ましいとしています。

03 空き家等対策と住民の認識との関係

　基本指針では、適切な管理がその所有者等によってなされない空き家等は、周辺地域に悪影響を及ぼす要因となるものと考えられることから、空き家等の適切な管理を行うことの重要性、管理不全の空き家等が周辺地域にもたらす諸問題およびそれに対処するために作成した空家等対策計画の内容については、空き家等の所有者等に限らず、広く住民全体で共有されることが望ましいとされています。

　また、このような観点からは、例えば、空家等対策計画の公表に合わせて、空き家等の適切な管理を行うことの重要性や管理不全の空き家等が周辺地域にもたらす諸問題について広報を行ったり、協議会における協議の内容を住民に公開したりすること等により、空き家等の適切な管理の重要性や空き家等の周辺地域にもたらす諸問題への関心を広く惹起し、地域全体でその対処方策を検討・共有できるようにすることが望ましいとされています。

04 協議会を通じた住民意識の反映

　市町村は、空家対策特別措置法7条に基づき、空家等対策計画の作成および変更ならびに実施に関する協議を行うための「協議会」を組織することができ、その構成員としては「市町村長（特別区の区長を含む。）のほか、地域住民、市町村の議会の議員、法務、不動産、建築、福祉、文化等に関する学識経験者その他の市町村長が必要と認める者をもって構成する」ものとされています（同条2項）。

　協議会の構成員として、具体的には弁護士、司法書士、宅地建物取引業者、不動産鑑定士、土地家屋調査士、建築士、社会福祉士の資格を有して

地域の福祉に携わる者、郷土史研究家、大学教授・教員等、自治会役員、民生委員、警察職員、消防職員、道路管理者等公物管理者、まちづくりや地域おこしを行うNPO等の団体が考えられます。これに加え、都道府県や他市町村の建築部局に対して協力を依頼することも考えられます。

　基本指針では、この協議会は、法に規定されているとおり、空き家等対策計画の作成および変更に関する協議を行うほか、同計画の実施の一環として、例えば、①空き家等が特定空家等に該当するか否かの判断、②空き家等の調査および特定空家等と認められるものに対する立入調査の方針、③特定空家等に対する措置の方針などに関する協議を行うための場として活用することも考えられるとしており、こうした協議会を通じて、住民側の意見が特定空家等の判断に反映されることが期待されます。

第3章
空き家対策コンサルティング

Question 24
空き家の活用法

お客様から、空き家となっている実家を活用したいと相談されました。空き家にはどのような活用法がありますか？

Answer

　空き家を活用するには、まず、空き家を解体して更地にするかどうかを判断することから始まります。そのためには家屋の状況をよく調査するとともに、お客様が、空き家をどのように活用したいかの意向について、よくヒアリングすることが肝要です。
　空き家といっても、お客様にとってはさまざまな思い出が凝縮された家屋です。通常の不動産物件に対する扱いよりも、慎重に、丁寧に取り扱うことが求められます。

01 空き家を「場合分け」する

　空き家の活用方法を考える際は、まず、空き家を「解体」するのか、そのまま「活用」するのかが、最初の判断として求められます。

（1）空き家を解体せずに「活用」する

　空き家を解体せずに、利用法を考えるもので、以下の3とおりがあります。

① 空き家を当面空き家のまま「管理」する

例えば、お客様の実家が、お父様、お母様など親族が病気等で入院されている、高齢者施設等に入居されているなどの理由によって空き家になっているケースが考えられます。

その後、病気が快復されて自宅に戻るケースや、何らかの事由によって、高齢者施設から退去となった際にご自宅の存在は必要となります。また相続が発生した場合でも、自らが働いている都市部から定年退職となって実家に戻るために、それまでの期間を空き家にしておくなどの場合が考えられます。

空き家管理については、現在、多くの管理業者がサービスを提供しています。管理内容としては、大きく「外観監視」と「家内サービス」にわけられます。

「外観監視」は定期的に住宅を外側から目視し、建物が良好な状態で存続しているかをチェックするものです。例えば「建物監視中／管理中」の看板・標識を敷地内に掲げるだけでも、窃盗等を目的とした侵入を防ぐ効果があるといわれます。

一歩すすんだ外観管理としては、配達された郵便物等の整理や保管・指定場所への転送、庭の清掃や植栽の剪定などのサービスがあります。

「家内サービス」としては、外部からの監視に加えて、室内に入り、「採光」「通気」「通水」などを行うサービスが主体です。家は「生き物」です。一定期間「通気」を行わないと、湿気がこもり、特に木造家屋の傷みを加速させます。「通水」は意外と見落としがちですが、通水を怠っていると、給排水管が急速に傷み、水漏れ等のトラブルにつながります。

こうしたサービスに加えて、室内の清掃や軽微な修繕などを行う業者もいます。お客様のニーズにあわせて管理業者を選択しましょう。

② 空き家を「有効利用」する

空き家の有効利用例としては、地域の学生や若者などが集まって住宅を

シェアするシェアハウスへの活用例があります。彼らの多くが、住居費を圧縮しようとするばかりではなく、様々な意見を持った人たちが共同生活を送ることによって交流を図っていこうとする思いがあります。

そうした人たちに空き家を開放することは社会的にも意義深いことです。シェアハウスは専門の運営業者もいますので、業者との間で運営期間や運営料などを取り決めるとよいでしょう。

また、古民家などの場合、宿泊施設として活用されるケースもあります。近年では外国人観光客が増加しており、希少価値の高い地域・物件などでは、通常の旅館・ホテルよりも高額な宿泊料が取れる場合もあります。ただし、空き家であった古民家をそのまま旅館等として転用することは難しく、リノベーションが行われる場合がほとんどです。この場合、気を付けたいのがリノベーション費用です。デザイナーやリノベーション業者などに丸投げしていると思わぬコストがかかり、貸金の回収が困難になるケースも生じています。

このほか、地域のコミュニケーションハウスとして、三世代交流を目指した施設に活用した事例や、高齢者が集まるグループホームやグループケアなどに活用する事例もあります。

③ 空き家を「賃貸」または「売却」する

空き家がそのままの状態で「賃貸」や「売却」に拠出できる場合は、宅建業者に委託して、活用や処分を図りましょう。

ただし、空き家がそれまで「賃貸」や「売却」に拠出されなかったことには必ず理由があります。お客様からはその理由をよくヒアリングし、十分に納得をいただいたうえで、業者に委託します。

空き家の多くは築年数が古く、一定のリニューアルを施す必要がある場合がほとんどです。特に賃貸の場合は、賃借人のニーズに整合するような基本仕様を整えておくことが肝要です。特に水回り（台所、トイレ、浴室、洗面所）などは住生活の基本となることから、必要な場合には借主を

募集する前にリニューアルするよう働きかけましょう。

売却する場合でも、建物の瑕疵の有無、土地の境界確定や隣地とのトラブルの有無などをよくチェックし、複数の所有者が存在する場合には全員の合意を取り付けることが必要です。

(2) 空き家を解体更地化する

空き家が老朽化等で活用できない場合、解体・更地化（除却）して活用します。

最近は解体費用が高騰しているといわれます。廃棄物処理に関するルールが厳格になったためです。通常の戸建て住宅（例えば敷地50坪、建物35坪程度の物件）でも150万円程度の解体費用がかかります。更地化にあたっては、まず解体等に伴うコストについてよく説明し、お客様に納得いただいたうえで、作業にあたる必要があります。

① 更地にして「賃貸」または「売却」する

更地にしたものを「賃貸」する場合は、賃貸した相手方に「借地権」が発生する場合と、「一時賃貸借」や「使用貸借」のように借地権が発生しないものとに分けられます。また、借地には「普通借地権」と「定期借地権」がありますので、注意する必要があります。運用期間をヒアリングしたうえで、適切な期間、借地料で運用できるように留意しましょう。

「売却」する場合は、境界確定はもとより、土壌汚染などにも留意して、信頼できる仲介業者をご紹介するようにしましょう。

② 更地にして、新たに建物を建設して利活用する

更地化したのち、新たに建物を建設する場合は、活用方法について、その用途（アパート・マンション等）、建設コスト、借入金、事業収支などを綿密に計算し、十分な採算性を見込んだうえで事業実施されるよう取り計らいます。

特にアパートの建設にあたっては、アパート需要の有無を調査し、一括

借り上げ（サブリース）業者による賃料保証や空室保証の提案などを鵜呑みにせず、将来的な大規模修繕の費用負担やサブリース契約の解約リスクなどについても十分に説明のうえ、事業の決断を行っていただくようにしましょう。

02 空き家相談・対応における基本的留意点

　空き家の活用を行う場合、特に留意したいのは、どの手法を採用するにしても、一定の費用がかかることです。お客様にとっては愛着のある物件であっても、これを活用するにあたっては、「市場性」が求められます。まず、お客様が空き家、あるいは解体後の更地活用にあたって、どの程度の期間活用されたいのか、費用をどの程度かけられるのかをヒアリングすることが肝要です。

　また、ご相談されたお客様が、対象物件とどのような関係をお持ちのお客様なのかを正確に把握することも必要です。物件の所有者とご相談者が異なる場合には、のちにトラブルにつながる場合もあるからです。

　具体的にはご相談いただいた物件の登記簿謄本などで所有者を確認するなどの手法がありますが、登記はあくまでも「任意」であることから、真の所有者が誰であるのかを特定することはできません。例えば、登記簿上の所有者の死亡時に相続人が登記申請しておらず、現在の所有者がわからないケース、相続等により権利者が複数であるケース、借地であるケースなどがありますので、ヒアリングにあたっては慎重を期する必要があります。

Question 25
不動産にかかる法規制

お客様の中でも空き家の取扱いに悩む方が増えています。空き家についてコンサルティングを行う時、知っておくべき規制にはどのようなものがあるでしょうか

Answer

空き家はそのまま放置すると「景観」の悪化、「治安」の悪化、「災害」時の被害増加、など大きな社会問題につながります。
いっぽうで、空き家といえども所有者が存在します。所有者の権利を理解せずに対策を打つことは、コンサルティングを行う上では慎まなくてはなりません。空き家に関する諸規制をよく把握してお客様の空き家問題を解決できるよう丁寧なコンサルティングを心がけましょう。

空き家に関するコンサルティングを行うにあたっては、不動産にかかる以下のような諸規制についての理解が必要です。それぞれの規制には、法律、税制、経済などいろいろな背景がありますので、コンサルティングに先立って、それぞれの内容を理解しておきましょう。

01 土地に関する規制

土地に関する規制にはさまざまなものがあります。空き家を取り扱う際

には、空き家が存在する立地についてどのような規制があるかを調査し、各種規制に則ったコンサルティングを行う必要があります。ここでは主な規制について紹介します。

（1）市街化区域、市街化調整区域

　土地については、都市計画法に基づき大きく「市街化区域」と「市街化調整区域」という2つの「線引き」が行われています。市街化区域とは、市街地として積極的に整備していく地域、市街化調整区域とは市街化を抑制し、自然環境を守っていくべき地域を指します。

　実際は、市街化調整区域についても住宅等の建設は行われているのが実態ですが、空き家の活用にあたっては当該物件がどちらの区域に属しているのかを確認し、対策を講じていきましょう。

（2）用途地域

　用途地域は、都市計画法に基づく地域地区の1つで、用途の混在を防ぐために、指定された用途地域の中で建設することができる建物の用途が詳細に規定されています。

　用途地域には次のようなものがあります。

① 第一種低層住居専用地域
② 第二種低層住居専用地域
③ 第一種中高層住居専用地域
④ 第二種中高層住居専用地域
⑤ 第一種住居地域
⑥ 第二種住居地域
⑦ 準住居地域
⑧ 近隣商業地域

⑨　商業地域
⑩　準工業地域
⑪　工業地域
⑫　工業専用地域

　空き家の場合、市街化調整区域または、用途地域の定めのない地域に存在するものを除くと、住宅は①から⑦にかけて、店舗などは⑧、⑨の地域などに多く立地しています。活用計画策定に際しては各用途地域の規制内容に沿うことが必要です。

(3) 接道

　現在の建築基準法では、土地は幅員4メートル以上の道路に2メートル以上接していなければ建物の建築が許されません。空き家の場合、建築基準法の施行（昭和25年11月23日）前に建築されたものも少なくないため、空き家を取り壊したのちに新たに建物を建設しようとしても、この「接道」条件で再建築ができないもの（再建築不可）がありますので注意が必要です。

　また接する道路は公道でも私道でもかまいませんが、私道の場合は建築基準法上の「道路の位置指定」（位置指定道路）を受ける必要がありますので、必ず確認するようにしましょう。

(4) 隣地

　隣地との間では建築基準法による考え方と民法による考え方の2とおりの規制があります。

　低層住居専用地域では、建物を建てる際、隣地との境界線から1メートルまたは1.5メートル離して建てるよう建築基準法により定められています（同法54条1項・2項）。また建築基準法による適用がない土地につ

いては、境界線から50センチメートル以上の距離をとって建物を建設するように定められています（民法234条）。古くからの家屋が多い空き家では、いずれの規制についても守られていないものも少なくありません。

　空き家を解体後、新たに建物の建設を予定する場合などには注意する必要があるでしょう。

02　建物に関する規制

　建物は用途地域において用途を限定されるだけでなく、建設できる建物の面積、大きさ、道路や北側敷地、日影や高さなどさまざまな規制を受けます。自治体による独自の規制などもありますので、よく確認のうえ空き家対策を講じるようにしましょう。

（1）建築基準法

　建築基準法は、建物の敷地、構造、設備、用途の最低限の水準について取り決めています。建築法規の根幹となる法律ですので、少なくとも概略を押さえたうえでコンサルティングを行うことが必要です。

　また、建築基準法はあくまでも「最低限度」を規定するだけのものですので、自治体によっては、地域の実情に照らして、条例等により必要な規制を加えているところも多くありますので注意を要します。

（2）容積率・建蔽率

　容積率とは、敷地に対して建設することができる建物の延べ床面積の割合を指します。敷地面積が100平方メートル、容積率が150％であれば、建設することができる建物の床面積の最大は150平方メートルということになります。ただし、後述する道路や北側敷地、日影や高さなどの制限によっては容積率を最大限度まで消化できないケースもありますので、あ

くまでも「目安」として判断材料にします。

建蔽率とは、敷地に対して建設することができる1フロア（1階）あたりの面積の割合を指します。敷地が100平方メートル、建蔽率が60％であれば、建物の1階部分の面積は60平方メートルまでということになります。ただし、道路との接道状況や隣地との関係で、建蔽率を最大限度まで消化できないケースもありますので、他の規制とあわせて判断することが必要です。

(3) 斜線制限（北側斜線、道路斜線）

北側斜線制限は、所有土地の北側に接する敷地の日照を遮らないようにする規制です。第一種および第二種低層住居専用地域においては、北側敷地との境界線から高さ5メートルの地点から、縦1.25、横1の三角定規をあてた角度のラインから外側に建物を建設してはならないというものです。中高層住居専用地域であれば、北側敷地との境界線からの高さが10メートルの地点からの計測となります。

さらに建物は敷地が接している道路の幅員によっても規制を受けます（道路斜線制限）。具体的には敷地が接する道路の反対側から1.25の勾配

●図表 3-1　斜線規制

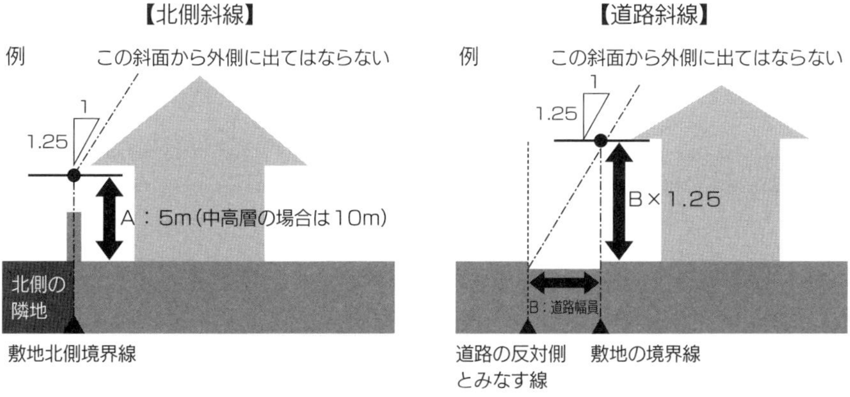

【北側斜線】　　　　　　　　　　　　【道路斜線】

で斜線を引き、その線の外側には建物を建設できないとするものです。
　道路の幅員が狭い土地や隣地に寄せて建物を建設したい場合などは注意が必要です。

（4）日影規制

　日影規制とは、冬至日の午前8時から午後4時まで（北海道では午前9時から午後3時まで）の時間帯での日影の量を規制するもので、商業地域や工業・工業専用地域などは対象にはなりません。各自治体で日影規制のマップが発行されていますので、参考にするとよいでしょう。

（5）高度規制

　建設できる建物の高さについてもさまざまな規制があります。空き家の場合は第一種・第二種低層住居専用地域に立地する空き家も多いとされますが、これらの地域では建物の高さが10メートル以内と規制されています。建替えや増築などを考える場合には注意が必要です。

03　空家対策特別措置法

　空き家に関しては、すでにみたとおり2015年5月より空家対策特別措置法が施行されています。空き家に対する調査、データ化、所有者の洗い出し、所有者に対する指導・勧告・命令・代執行等を定めています。

04　その他

　不動産を取り扱うための必須の国家資格として、宅地建物取引士の資格があります。資格を取得することで不動産取引にかかる各種規制を理解し、的確なコンサルティングにつなげましょう。

Question 26
空き家除却のメリットと活用方法

空き家を解体（除却）するメリットは何ですか。また解体後の活用方法としてはどのようなものが考えられますか？

Answer

　解体（除却）は、築年数が経過し、家屋としては活用が難しい空き家に対して有効といえます。築年数の経過した空き家は、景観上も周囲に悪影響を及ぼし、環境悪化要因として周辺住民にも悪影響を与えます。また、治安の点でも、空き家に不法滞在者等が住みつく、不良青少年などの「たまり場」となる、不法投棄のゴミが放火のターゲットとなるなどの危険性があります。また、地震による倒壊や台風、ゲリラ豪雨などによって瓦が飛ぶなど災害上の危険も伴います。

01　空き家の管理者責任と解体のメリット

　空き家を解体して更地化することのメリットは、景観の保持や治安維持、災害の防止の観点から有効であることです。

　お客様に特に説明すべきであるのは、空き家に対する「管理者責任」です。空き家の増加に伴い、近年、空き家からの火災が増加しています。空き家からの火災が原因で隣家などが類焼した場合、管理者責任が問題となるケースが相次いでいます。

この場合、木造家屋が多い日本では、軽過失より生じた火災の類焼については、特別に、損害賠償責任を定めた民法709条を適用しないものとされ（失火法）、重過失による火災についてのみ損害賠償責任を負うこととなります。しかし、相応の見舞金等や近隣の評判など、有形無形の負担が生じることは否めません。今後まったく利用する計画のない空き家については、解体して更地化することをおすすめしましょう。

　解体にあたっては、解体費用についての説明が必要となります。最近は廃棄物処理に関する規定が厳格化されており、解体費が高額となっています。事前に複数業者から見積もりをとり、お客様の納得が得られるよう努めましょう。

　また解体に際しては室内の家財道具の処分が必要になりますが、これらの処分にあたっても費用がかかるものがあります。自身の判断では、資産価値などが判別できない家財道具もあります。最近では家財道具の整理・買取りを行う専門業者も存在しますので、ケースによっては処分を委託することもできます。

02　空き家解体後、更地化の活用方法

　さて、更地化した後の活用方法にはどのようなものがあるでしょうか。

（1）新しい建物を建設する

　築年数の経過した建物を解体、更地化し、新たに建物を建設して運用する方法です。例えば、古屋を除去後、新たにアパートや賃貸マンションを建設し、賃貸資産として運用します。

　土地は先祖伝来のものであったり、簿価が極めて低いものであることも多く、その場合、投資費用のほとんどは建物代ということになります。

　立地をよく調査し、賃貸ニーズが存在するかどうかを見極めた上で、賃

貸用住居（アパート・マンション等）の提案が有用です。立地・面積等によっては、オフィスや商業店舗、あるいはホテル等への活用も企画提案が可能です。

　気を付けたいのが、土地の「用途」です。用途地域によっては、オフィスや商業店舗、ホテルなどの建設ができなかったり、建設できる面積に制限がある場合があります。事前に用途地域や高さ規制、日影制限などを含めてよく調査しておきます。

　また最近、建設費用は高騰傾向にあります。建設費の高騰は資材の値上がりだけではなく、慢性的な建設従業者の人手不足に原因があるともいわれています。一方で、賃貸料については、新築時こそある程度の賃料と稼働率が確保できても、その後周辺でさらに新築アパートなどが供給されてしまうと、需要が薄い地域などではテナントを奪い合う形となります。

　住宅賃貸マーケットでは、賃借人が新築物件を好む傾向がみられ、既存アパートは賃料の引下げやフリーレント（一定期間における家賃免除）などの措置を余儀なくされる場合もあります。

　事業収支の作成にあたってはこうしたマーケット動向や、投資に対するリスクを十分に説明したうえで、お客様にご判断いただくことが肝要です。

　特に、アパート業者等による、サブリース契約はよくチェックする必要があります。家賃保証などについてもその保証内容や、保証を受ける条件なども精査のうえ、お客様が被る可能性のあるリスクについての説明を怠らないようにしましょう。

（2）更地化した土地を賃貸する
　① ニーズがある土地の賃貸
　更地化された土地を貸し出すことで地代を得る方法です。郊外部や地方などで、住居系資産としての運用が難しい土地でも、農地として借りた

い、倉庫用地、太陽光パネル設置用地として借りたいなどのニーズがつかめることがあります。

　特に面積の広い敷地の場合はこうした農地や倉庫用地として賃貸できれば中長期にわたって安定した借地料収入を得られる可能性が高く、資産の有効な活用方法としておすすめできます。

　また新たに建物を建設する資力がない、または銀行からの「借り手」としてのクレジットが不足するお客様などには貸地による運用をおすすめします。

　② **賃貸方法と期間に合わせた借地権の種類**

　土地を賃貸する場合の留意点は、賃貸の方法と期間です。

　旧借地法においては、いったん土地を貸し出すと、土地所有者は正当な事由がないかぎり借地人から土地を返還させることができず、土地を賃貸することに抵抗感がある人が多く存在しました。

　しかし、現在では定期借地権制度が設定されており、期間満了時に土地所有者は借地人から理由のいかんを問わずに、土地の返還を受けることができるようになっています。

　定期借地権は「一般定期借地権」「事業用定期借地権」「建物譲渡特約付借地権」に分類されます。住宅用途であれば、「一般定期借地権」で借地期間は50年以上とされており、期間満了時には借地人は建物を取り壊して更地にしたうえで土地所有者に返還しなければなりません。

　また、ガソリンスタンドやコンビニエンスストアなどの事業用に賃貸する場合は「事業用定期借地権」を設定できます。期間は10年以上50年未満の間で設定することができ、期間満了時には借地人は建物を取り壊して土地所有者に返還しなければなりません。

　「建物譲渡特約付借地権」は一般定期借地権よりも短い期間30年以上で、期間満了時には土地所有者が建物を買い取ることで借地権を消滅させることができます。

お客様の意向にあわせた活用を提案することで中長期にわたって安定した収益を享受できるようにアドバイスしましょう。

（3）更地化した土地を売却する

更地化した土地を売却する方法です。古屋付きで売却を行う場合、建物の解体に伴う費用負担や建物の瑕疵が買い手側に帰属し、こうした負担を買い手側に嫌われ、取引がなかなか成立しないケースが多くみられます。

そこで建物を解体して更地にすることで「市場流動性」を高め、より良い条件で売却していこうというものです。

空き家の解体撤去を行って更地化する場合、ともすると解体することにばかり意識が集中し、土地そのものが抱えている瑕疵等にチェックの目が及ばないことがあることに注意する必要があります。

例えば、隣地との境界が確定していない、権利関係が複雑で権利者全員が更地化による売却することに同意していない、地中に埋設物がありその撤去に多額の費用がかかる、隣地所有者との間に深刻なトラブルがある、土壌汚染の危険性が高いといった土地自体にまつわる瑕疵、あるいは土地所有者の債務に対する担保設定が多額にわたっており売却金額によっては貸金の回収が困難になるような金融上の問題など、問題点の整理と対応策を策定する前に解体だけを進めても、その後土地の売却処分はなかなか思うよう進みません。

また、家屋を解体し更地化すると、多くの自治体では固定資産税における住宅地の特例などの適用除外となり、負担が急増するなどの新たな問題を招くこともなります。

さらに、譲渡の際には譲渡税が課されます。税理士にも相談して、売却の際の譲渡税についても説明を怠らぬように気をつけましょう。

Question 27
住宅所有者の転勤により空き家となる場合

お客様から「転勤」のため自宅が空き家になってしまうので、何か良い活用方法がないか相談を受けました。どのようなアドバイスが必要でしょうか。

Answer

住宅ローンで自宅を購入し、住宅借入金等特別控除（住宅ローン控除）を受けているお客様の場合、まず、転勤の期間中は住宅ローン控除が受けられなくなることを説明します。また、空き家になる期間が長期間になるような場合には空き家として「管理」する、または一時的に、賃貸などで「運用」する可能性についてヒアリングします。

01　転居により住宅ローン控除が適用されなくなる

　まず、転勤などで「居住の用に供する」ことのなくなった住宅について住宅ローン控除が適用されなくなることは、大きな変更ポイントとなるので、よく説明をします。適用を継続するためには単身赴任が前提となります。また、転勤先から自宅に戻った際に、ローン控除の適用期間（現在は10年）に残存期間がある場合は、再適用されます。

　しかし、帰任時の年に賃貸等で運用していた場合は、その年の控除は認められないことに注意が必要です。

　お客様が家族と一緒に赴任地に住み、帰任時まで空き家としておく場合

には、Question 24 で解説したような「管理サービス」を受けることをおすすめします。家は空き家にしておくと劣化が早まります。空き家管理の専門事業者のほか、地元の不動産会社やリロケーション会社等がサービスを提供している場合があります。

02 転勤中の空き家活用方法

転勤期間中の空き家の活用方法としては、3つの方法が考えられます。

(1) 賃貸する

不動産業者等に依頼して自宅を賃貸するものです。最近では建物賃貸借契約において、一定期間の年限を定めて期限満了時には借家人に退去してもらうことができる「定期借家契約」が普及してきましたので、その活用を検討することができます。従前は「貸したら戻らない」ともいわれた従来の普通借家契約よりも安全性が高い方法といえます。

ただし当初定めた契約期間どおりに赴任地から戻ることが定められていないケースも多く、実際には契約期間内に帰任が決まった、帰任前に契約が期限到来してしまったなどといったタイミングのずれが生じてしまいます。

特に子どもの学校の問題などもあり、帰任してもすぐに自宅に戻れないのは大きなストレスともなりますので、契約期間は慎重に取り決めしたいものです。

また定期借家契約といえども、借家人の都合で退去が遅れる場合があります。退去期限をめぐって借家人とトラブルが起こるケースもありますので、仲介業者や後述するリロケーション会社等を利用して、トラブルが大きくならないようにしましょう。

(2) リロケーション会社を利用する

建物定期借家契約の法律が制定され、転勤で空き家になった場合でも賃貸がしやすくなった半面、不動産関係の契約に疎いサラリーマンの方では不安が大きいのも事実です。

リロケーションはもともと欧米で発達した、海外赴任などで家を空ける所有者に対して、引っ越し、家の清掃管理、賃貸や売却などをトータルでお世話するサービスです。

日本ではサラリーマンなどが転勤の際、自宅を管理する、あるいは賃貸するのを支援するサービスとして根付いてきました。

具体的には、

① 所有者と賃借人との賃貸借契約の仲介
② 所有者の代理として賃借人と契約
③ 所有者からリロケーション会社が賃借してこれをテナントに転貸

などといったサービスを行います。

(3)「民泊」に活用する

最近では訪日外国人客などに宿泊施設として住居を提供する「民泊」が注目されています。民泊は、欧米で発達した、自宅やその空き部屋を旅行者などに宿泊のために提供するシステムです。

建物所有者は、インターネットなどで空き部屋を仲介業者に登録し、料金設定などは自分で行い、旅行者等が宿泊した場合には収受した料金から一定額の手数料を仲介業者に支払うというものが代表的なしくみです。

手続きの簡便さや、立地によっては賃貸住宅以上の収益が計上できることから注目を集めていますが、民泊を繰り返し「業」として行うと、日本では旅館業法に抵触することとなりますので注意が必要です。

既存のホテル・旅館等は業法により、宿泊者名簿の整備、帳場（フロント）の設置、安全の確保、衛生面の管理等、多くの規制を受けています。民泊は自宅などの活用にすぎませんので、「業」として行うことは規制に反するというわけです。

現在、民泊は以下のような考え方をもとに整理されます。

① 「国家戦略特区」としての民泊

東京都大田区や、大阪府といった特定エリアにおいて国家戦略特区として民泊を許可するものをいいます。エリア内であれば自治体が認めたものについては民泊ができるようになりました。

具体的には宿泊日数制限（7日から10日など）、部屋面積（25平方メートル以上）、自治体による立入検査、近隣住民への事業内容の周知などの制約が課せられます。

② 既存省令等の改正による民泊

旅館業法上の「簡易宿所」を規制緩和し、申請手続きを緩和、1泊でも民泊を認め、客室延床面積33平方メートル以上であった規制を宿泊者10人未満の小規模な施設は1部屋あたり「3.3平方メートル×人数」の面積規制とするなどの緩和を行いました。

2016年4月より上記内容での規制緩和が行われましたが、そもそも簡易宿所は住宅地内での設置を禁じられており、今般の緩和でもこの規制は残っています。転勤などで空き家になった住宅は、多くの場合は住宅地内ということもあり、簡易宿所としての活用には制限があると言わざるを得ません。

③ 「新法」による民泊

現在、国会での上程を目指して、民泊に関する新法を制定する準備が行われています。

その方向性としては、住宅地を含めて民泊を全面的に解禁していこうということになっています。宿泊の制限を設けることなく、ネットによる簡

易な登録で事業を行えるようにするというのが現在議論されている方向です。

　一方で宿泊者名簿の管理や管理責任の明確化も謳われており、仲介業者としての責任も明確化される方向です。

　さらに営業日数に関しての制約が課せられる予定で、現在の議論では年間営業日数を最大で180日として、180日の範囲内で民泊を認めていこうという動きになっています。

　転勤等で空き家になった住居を、賃貸に出すよりも「民泊」施設として活用できれば、賃借人との争いもなく、家具等を片付ける必要もなく一定の収益を得られる方法として定着する可能性があります。新法制定の動向にあわせて検討してみることも1つの方法です。

Question 28
空き店舗の活用

地域で長年店舗を営んでこられたお客様から、高齢になりお子さんが店舗を継ぐ意思もないため廃業した後の空き店舗を活用できないかと相談されました。どのような対応が考えられるでしょうか

Answer

商店を廃業して空き家になった場合、そのまま放置を続けることは、その商店が属する商店街・地域にとっても望ましいことではありません。空き店舗の活用により地域の活性化に役立つような運用方法のアドバイスが必要です。運用にあたっては、自らが当該店舗建物に住み続けるかが、その後の活用にあたって大きな判断の分かれ目となります。
　お客様のライフプランをよくヒアリングしたうえで適切なアドバイスを行いましょう。

　廃業により空き店舗となる場合、お客様や親族（例えば親御さんなど）が店舗2階などにお住まいの場合と、住居は別途近隣マンションや郊外の戸建て住宅などにある場合とで対応が分かれます。

　住居が店舗建物にある場合は、このままお住まいになられるか、他所にお移りになられるのかの確認が必要となります。また高齢者施設などにご入居の親族等がいる場合にも、施設から元の住居に戻られる可能性があるのかどうか、ご本人の意思も含めてよく確認する必要があります。

お住まいを残されるのであれば、主に（例えば１階）店舗部分の運用になりますし、すでにお住まいを移られているのであれば、２階や３階を含めた店舗建物全体の活用が考えられます。

01 商業店舗として賃貸する

商業店舗として、他のオペレーターに賃貸します。ひとくちに商業店舗といっても業種はさまざまです。飲食店舗でも、例えばラーメン屋であれば、カウンター中心の店舗となるため、建物の奥行きがそれほど確保できなくとも店舗として成立します。一方、飲食店でも業態によっては火力の強いガス設備などが必要な場合もありますので、ガス、電気などの既存設備が想定する業態に対応できるかもチェックが必要です。

物販店は、比較的設備が軽くて済むものが多いので、応用範囲は広いといえましょう。

飲食でも物販でも、気を付けなければならないのが賃貸借の内容です。店舗の場合は、「定期借家契約」とすることが一般的です。定期借家契約は賃貸借期間があらかじめ定まっており、期間満了時には借家人は店舗内装等を取り壊して、貸付時の状態に原状復旧して返還しなければなりません。

賃貸人からみれば、借家人に居座られるリスクが少なく、賃料等の諸条件を引き上げたいときなどには有効な契約となります。

また、店舗にテナントを入れる場合は、敷金、保証金をなるべく手厚く預かることが賢明です。資力に乏しく、また現地での収入だけで成り立っている先も多いため、売上が芳しくないとあっというまに「夜逃げ」となるケースもあるためです。

飲食店でも、おおむね１〜２年程度でその店舗が地域に根付くかどうかが判明します。したがって、契約書等では、契約期間内での途中解約に対

して何らかの違約金を付すなどの条文を盛り込んでおくことをおすすめします。

また解約時などに備えて心がけたいのが、店舗内装や賃借人の持込み資産に対する資産区分です。店舗内装などはほとんどがテナント持ちとしてテナント資産となりますが、オーナー部分とテナント部分にあらかじめ資産区分を明確化し、契約書に添付しておくことです。

原状復旧に際しても、賃貸開始時の「原状」を双方で、写真などで確認することによって、解約時のトラブルが防げることになります。

02 別の用途での活用を図る

店舗での貸出し等が困難な場合に、他の用途、例えば住宅や高齢者施設などに用途を変えて活用する方法があります。

ここで気を付けなければならないのが、建物の用途が変わることに応じて、「用途変更」の届け出を行う必要があることです。建物の用途は「住宅」「店舗」「倉庫」など、その使い道によって異なってきます。

当初の用途を変更するためには一定の手続きが必要となりますので、各自治体に問い合わせるとよいでしょう。

他の用途で活用する場合には、テナント工事のみならず、建物内の設備などに大幅な改良や更新が必要となる場合があります。その際、新たな設備をどちら側の資産とし、どちらが管理していくのか等、詳細に取り決めておくことが必要となります。

また、高齢者施設や温浴、美容院などの水を多く使用する施設などになると、既存の設備では対応できず、新たにボイラーの設置や給排水設備の更新等が必要となってきます。

特に構造躯体に影響を及ぼすような設備の新設にあたっては、その施設内容および工事内容について十分な説明を受け、あらかじめ資産区分や管

理区分について取り決める、また費用の負担についてもどちらがどれだけ負担するかについて綿密に取り決めておくことが肝要となります。

　最近では、商店街の空き店舗を利用して、地域内のコミュニティハウスとしたり、若者を集めてシェアハウスにしたりするなどの事例も増えていますが、施設の改装を行ったのにもかかわらず、短期間で施設が撤退するような事例も出てきています。

　賃借人も必ずしもクレジットの高い先ばかりではなく、特にリフォームローンなどの提供を伴う場合には、テナントクレジットについてもよく審査することが肝要です。

　空き店舗を、芸術家が使用するアトリエや、起業を志す若者にインキュベーション施設として提供するといった事例も多く報告されますが、こうした業態の方々はどちらかと言えば元々高いクレジットを有しているわけではなく、定められた賃料負担ができずに撤退する話も多いようです。

　目先の心地よさだけではなく、冷静な収益分析を行い、少なくとも空き店舗活用のために投じた資金が問題なく回収できる目途を十分に確認した活用を図ることが求められます。

Question 29
地域の放置空き家への対応

お客様から、ご近所に空き家のままになっている住宅があるとの相談を受けました。以前の居住者は10数年前に亡くなり、空き家のまま放置されているとのことです。地域の空き家に対し、どのような対応ができるでしょうか。

Answer

空き家はそのまま放置しておくと、地域の環境悪化につながるだけでなく、空き家に不法滞在者等が住みつく、不良青少年などのたまり場となって治安が悪化する、ゲリラ豪雨や台風、地震などの災害の際には、瓦屋根が飛んだり、倒壊により通行者に危害を及ぼす、避難路を塞ぐなどのさまざまな問題の原因ともなります。地域の環境維持のためにも早急な対策をとることを金融機関としても助言・支援をしていきましょう。

地域での空き家の存在は、景観を壊すなどの地域環境の悪化をもたらすだけでなく、治安の悪化や災害時の被害の拡大にもつながります。

そうした空き家を発見したり、地域のお客様からご相談を受けたりした場合、金融機関としてはどのような対応を行うことができるのでしょうか。アドバイスの方法を考えてみましょう。

01　空き家の確認

　空き家に関する情報を得た場合、まず空き家の存在を確認することが第一となります。空き家の場所を確認し、実際に空き家の状態にあるのかどうかを確認します。

　近所の方から空き家と思われていても、思い込みであったり、物置きとして所有者が数か月に1回程度使用しているような場合もあります。

　また、具体的に空き家の存在によって地域環境にどのような危害が加わっている、または加えられる可能性があるのかを診断します。例えば「ゴミ屋敷」と呼ばれるような、家庭ゴミなどを家屋内のみならず、庭や玄関口に積み上げ放置したままの物件が、景観の阻害だけでなく悪臭、病害虫の発生などの原因となっていることもあります。ただし、気を付けたいことは、空き家であるからといって、所有者に無断で敷地内に入り込んだりすると、「不法侵入」となる危険性があることです。あくまでも、外部からの目視を基本とし、ゴミだからという思い込みで、対象物に触れたり動かしたりすることは行わないようにしましょう。

　空き家かどうかの判断は非常に難しく、まずは呼び鈴などで現住者の有無の確認程度が基本となりますが、最も確認が容易なのが電気やガスのメーターのチェックです。メーターそのものがない、数か月記録をとっても変化がないといった場合は空き家である確率が高いということになります。

　また、郵便物が整理されていない、庭木の剪定が行われず、庭が荒れ放題である、小動物（ネズミやタヌキ、ハクビシンなど）が住みついているなどの状況確認からも、空き家であることが推定されます。

　これにあわせて、複数の近所の住民の方にも確認をとることで空き家であることを判断することができます。

02 空き家情報の整理

　問題空き家の対策には、まず空き家の所有者を特定することが求められます。土地・建物の登記事項証明書（登記簿）は、最寄りの法務局に行けば誰でも閲覧・取得ができます。また、「登記情報提供サービス」に利用登録を行えばインターネット上での閲覧も可能です。登記簿の甲区欄には所有者が登記されています。

　しかし、不動産の登記はあくまでも任意であり、登記することは、第三者に対する権利の表証にすぎず、「対抗要件」となっても、真の所有者であることの証明にはなりません。したがって所有者に近づく参考資料としての意味合いしかないことが前提となります。

　登記簿を閲覧するメリットは、所有者の履歴を追うことができるとともに、土地の面積や分筆の具合、建物の構造や床面積などの数値がつかめることです。登記簿上の面積（登記簿面積）と実際の面積（「実測面積」といいます）は異なることもありますが、おおむねのボリュームを確認することができます。

　また、登記されている土地や建物上に付されている権利についても確認ができます。つまり、借地権、地上権、通行権など、所有者とは異なる第三者が「対抗要件」として登記している可能性があるからです。

　このようにして、問題となっている空き家のおおむねの大きさ、過去の所有者履歴、所有者のプロフィール（個人なのか法人なのかの違いも含めて）、また土地建物に関わる第三者の権利の存在などを把握することができます。

　こうした情報の整理は、登記制度の限界から完全なものではありませんが、基本情報を把握するためには必要な作業です。情報を整理したうえで次のステップに踏み出すことで、行動の無駄が省けるからです。

03　空家対策特別措置法による「特定空家等」の認定

　その空き家が周辺環境を悪化させ、治安に対する不安を高め、そして災害発生時には被害を拡大させる可能性があるなどの状況が確認できるケースでは、自治体により「特定空家等」として認定される場合があります。

　空家対策特別措置法により、自治体は空き家に対して次のような行為ができることとされています。

① 市町村による空家等対策計画の策定
② 空き家等の所在や所有者の調査
③ 固定資産税情報の内部利用
④ データベースの整備
⑤ 適切な管理の促進、有効活用

　こうした調査を経て「特定空家等」に認定された空き家については、第2章に解説のとおり、措置の実施のための立入調査、状況の改善のための指導、勧告、命令を行うことができるとされ、所有者がこれに従わない場合は空き家の撤去等の行政代執行が行えることとなっています。

　空家対策特別措置法に基づく空き家対策に関する基本方針においても、各市町村は空き家に関する相談や苦情等に回答する体制を整備することが望ましいとされていますので（Question 23 参照）、問題とされる空き家の情報を整理したうえで自治体に相談することも1つの方法です。

　本法は、現状の空き家の問題解決のために一歩踏み込んだ内容となっていますので、地元の自治体とも連携をとって、解決の足掛かりをつかんでいただければと思います。

04　金融機関の役割

　空き家は、「景観」「治安」「災害」などの側面で、地域社会の大きな問題となっています。地域とともに生きる金融機関としては、この問題から目を背けることなく、積極的に解決に向けたサポートを行うことが使命の1つといえるでしょう。

　なぜならば、空き家の増加は地域の環境を蝕み、環境悪化を原因とした転出者の増加、地域の魅力の減退、経済力の落ち込みなどはすべて金融機関としても無視できない問題であるからです。

　また、問題の解決にかかわることで、地域との対話が生まれ、空き家の再生や活用、売買、賃貸借などを通じて、地域社会の活性化につながる効果も期待できます。

　空き家問題解決を1つのきっかけとして、地域社会の改善の提言をすすめていくことは、金融機関にとって、地域の一員として大切な役割といえましょう。

Question 30
相続人の間の争いと空き家

お客様のご両親が亡くなった後の実家が空き家となり放置されているとのことですが、お客様の兄弟である相続人の間で遺産分割をめぐって争いがあるということです。どんな点に気を付けてアドバイスすればよいでしょうか。

Answer

空き家が放置されていること自体には何らかの解決を図っていく必要があるといえますが、相続人の間での争いがある場合には、ご相談いただいたお客様の話を鵜呑みにせず、現状でどのような争いに至っているのかについてよく確認する必要があります。特に当該空き家が争いの原因となっている場合、慎重な対応が求められます。

相続人の間で、遺産分割について争いが起こっている場合は、まずトラブルの原因がどこにあるのかを確認する必要があります。

空き家以外の問題での争いであれば、空き家に対策を施すことは難しくなります。原因が空き家にある場合には、事情をよく把握したうえで対応策を練っていきます。

01　土地建物の実態を調査する

まず、空き家となっている土地建物について、権利者の状態を確認しま

す。被相続人の単独所有か、他者との共有または分有か、土地建物に付随している権利はどのようなものがあるか、など土地建物に関する基本情報を整理します。

次にトラブルとなっている相続人の構成を把握します。何名の相続人で争っているか、各相続人の主張はどこにあるかを見極めます。

争いの根本的な原因がどこにあるかを把握できなければ、空き家の問題も解決できません。まずは関係者から丹念に事情をヒアリングします。ヒアリング等を通じて、問題が土地にあるのか、建物にあるのかなど原因を特定していきます。

02 分割しやすい状態にする

(1) 更地化して利活用できる不動産の場合

争いが土地にある場合、例えば、土地の権利割合をめぐって争いがある場合などは、建物の存在が議論を複雑にします。建物が老朽化して活用方法がない場合、更地化して土地を分割しやすくすることです。

ただし、ここで建物の解体費を関係者全員で負担するのかや、その負担割合も含めて争いとなると建物の解体もおぼつかなくなります。

1つの土地を複数の相続人で相続する場合には、相続人全員で「共有」する場合と、相続人ごとに「分有」する場合がありますが、相続人間で争いがある場合には、土地を分筆して「分有」することが1つの方法です。

分筆する場合に留意すべき点が、「道路付け(接道条件)」です。土地は道路に接していなければ活用が難しくなります。原則として道路に2メートル以上接していない土地では建物の建築ができません。

相続人が複数にわたる場合に、道路に向けて短冊状に土地が分筆されているケースがみられるのは、こうした相続によるものです。ただし、土地が短冊状の長屋のような状態では、その後の有効利用や売却に際して不利

となる場合もあることに注意が必要です。

　空き家そのものに価値がある場合は、さらに慎重な取扱いが必要になります。空き家の相続形態も「共有」とするのか「区分所有」とするのかによってその後の運用方法にも影響を与えます。

（2）利活用が見込めない不動産の場合

　一方で、相続人の誰もが空き家（もしくは空き地）を相続したくないという場合も考えられます。解体して更地化しても「賃貸」、「売却」あるいは「有効活用」などの可能性がないような土地です。

　相続税の物納等を考えたいところですが、現状では、国への物納は土地をめぐるトラブルがないことのほか、管理処分不適格財産の要件等も厳しく、よほどの条件が整わない限りは困難なのが実態です。

　相続放棄も選択肢となりますが、この場合は金銭を含めたすべての相続財産の相続権利を放棄する必要があります。

　いずれにしても空き家が不要であるならばなるべく解体・更地化して土地として分割処分しやすいようにしておくことが肝要です。

03　土地を正しく評価する

　土地を分筆・分有して相続する場合、留意すべきなのは、土地の持つ価値を正しく評価することです。前述した「道路付け」も重要ですが、土地の向きなどによっては日影斜線や北側斜線（Question 25 参照）などの制約を受ける場合があります。

　また、元の土地が2方向以上の道路に接している角地の場合、分筆後、角地側と、そうでない側との価値に差が生じることもあり、単なる面積按分で分筆しては、さらなる「争続」を招きかねないこともあります。

　相続の際には不動産鑑定士の意見も取り入れて正確に土地の価値を評価

し、相続人が納得したうえで相続することです。

04 活用手法を提案する

いずれの場合でも、空き家対策としては相続人の意向を確認のうえ、何らかの対策を講じていく必要があります。活用の仕方によっては相続財産としての価値が見直され、円満な相続に結び付く可能性もあります。弁護士などとも相談のうえ、効果的な有効活用策を講じていきましょう。

空き家・更地を賃貸資産として活用する場合でも、利益の分配の仕方や財産の所有の仕方などの提案を行うことで、結論を導ける可能性もあります。

時間がかかることが多い相続争いですが、空き家活用のポイントを押さえたうえでアドバイスするようにしましょう。

Question 31
空き家と跡地の活用

空き家およびその跡地の活用にはどのようなケースが考えられるでしょうか？

Answer

　空き家対策を考える場合は、まず現存する空き家を「残す」のか「解体・更地化」するのかを判断するところから始まります。お客様にとっては「思い入れ」のある物件である場合が多いのですが、空き家に対しては常に冷静な視点にたって、残すべきか解体するかを判断しなければなりません。また活用法を考えるうえで大切なことは、活用のためにかかる費用と、結果として得られる収益のバランスをよく検証することです。お客様に判断しやすいよう、数値に基づいた説明をし、ご納得いただけるようにしましょう。

　空き家に対するコンサルティングを行う場合、まずは空き家を「解体・更地化」するのか、「残して活用」するのかを判断します。最初の判断により、その後の方針は大きく異なってきます。特に築年数は古くても十分活用できるような案件も存在しますので、必ず実物を確認しながら、専門家の意見も参考にしながら判断するようにします。

01 空き家を残す

　空き家を「残す」場合の対応策としては、以下のとおり整理されます。

(1) 管理する

　空き家を当面、空き家のまま管理する対応策です。将来的に使用することなどを想定して、それまでの期間管理しようというものです。実家が地方にあり、自らは定年退職後に実家に戻ることを考えている場合などが該当します。

　この場合、空き家管理サービスを利用することをおすすめします。空き家管理には外部からの目視を中心としたものから、内部管理として「通気」「通水」「清掃」などを含めてトータルで管理サービスをするものなど多岐にわたります。実情に合わせた管理サービスをおすすめしましょう。

(2) 有効利用する

　保存状態のよい空き家は、有効利用することを考えます。賃貸してしまうと、借家人とのトラブルが嫌なお客様や、賃貸物件としては競争力がないが、家屋自体はしっかりしているので、地域のコミュニティハウスや学生などのシェアハウスにして活用してもらうなどというものです。

　なお、有効利用にあたっては、用途に応じて修繕費用等がかるケースがあります。利用方法によっては、家具等の処分や捨てられない荷物を倉庫に保管したりする費用が発生することもあります。こうした修繕費用等の割には収益が期待できない施設もありますので、事業収支は綿密に計算するようにしましょう。

　また、活用内容によっては、「用途変更」などの申請を伴うものもありますので、自治体からの規制も含めてチェックが必要です。

(3) 賃貸する

　空き家の保存状況が良好で、周囲に賃貸ニーズが存在するような場合は賃貸に拠出することができます。周辺の競合する物件などを調べるだけでなく、現在周辺部で新築アパートなどの供給予定がないかなども調査し

て、綿密に収益計画を練るようにしましょう。

　賃貸に供するにあたっては、家屋の修繕（リフォーム）が必要となります。修繕箇所を特定し、無駄のない修繕を施すことで、投資対効果の高い賃貸事業にしましょう。空き家のリフォームと賃貸については、後掲のQuestion 34・35も参照してください。

（4）売却する

　空き家付きのまま売却する対応策です。家屋の保存状況が良好で、そのまま売却できる場合です。売却にあたっては不動産仲介業者に委託するようにし、また境界確認や権利者の調整を行い、売却後のトラブルがないようにします。

02　空き家を解体・更地化する

　空き家を解体・更地化した場合の活用策は以下のとおり整理されます。

（1）賃貸する

　更地を賃貸します。市民農園など、基本的に借地権が生じない方法で賃貸する方法と、貸地として、借地人が土地上に建物を建設して運用する場合にわけられます。

　貸地の場合は定期借地権を設定する場合が一般的ですが、期間と目的に応じて契約内容が異なります。

　具体的には「一般定期借地権」「事業用定期借地権」「建物譲渡特約付借地権」に分類されます。住宅用途であれば「一般定期借地権」で借地期間は50年以上となっていて、期間満了時には借地人は建物を取り壊して更地にしたうえで土地所有者に返還しなければなりません。

　また、事業用に賃貸する場合は「事業用定期借地権」を設定できます。

期間は 10 年以上 50 年未満に設定でき、期間満了時には借地人は建物を取り壊して土地所有者に返還しなければなりません。

このほか、期間 30 年以上で、期間満了時には土地所有者が建物を買い取ることで借地権を消滅させることができる「建物譲渡特約付借地権」があります。

お客様のご意向にあわせた活用をご提案することで、中長期にわたって安定した収益を享受できるようにアドバイスしましょう。

(2) 売却する

更地での売却は最もシンプルな対応策です。気を付けたいのが、更地化すると、これまで適用されていた小規模住宅地における固定資産税の減額措置の適用が受けられなくなることです。

予定どおり売却できればよいですが、更地として売れないまま新年を迎えると、固定資産税評価は毎年 1 月 1 日付で評価されるために、固定資産税が更地評価での税額となってしまいます。ある程度、売却先の見通しをつけてからの活動を考えたアドバイスが必要です。

(3) 利活用する

更地上に新たな収益資産を建設して運用するものです。代表的なものが賃貸アパートです。賃貸アパートを建設することで、土地の固定資産税評価を下げることができ、相続対策としても活用できます。またアパートローンなどの借入金を組み合わせることで、相続財産評価額を圧縮することが可能となります。

無理のない範囲での借入金と相続評価額の圧縮を組み合わせた提案を行うことで、中長期的に安定した資産運用を行うことができます。

Question 32
空き家除却後の更地を賃貸する場合

空き家を所有するお客様から、空き家を解体して、更地として貸したいとの相談がありました。どのようなアドバイスが考えられるでしょうか

Answer

空き家の解体には費用がかかることについて説明します。解体費は従来よりも高額となっており丁寧な説明を要します。あわせて、「空き家解体ローン」等の利用が可能かどうかを検討します。次に更地にして貸し出す場合の注意点として、貸出先の利用法や賃貸条件（期間、形態、地代等）など整理すべきポイントがあります。特に賃貸後の用途については、近隣住民との関係もありますので、クレームを受けるような用途でないか、確認が必要です。

空き家を解体し更地化して貸し出す場合の注意点を以下に列挙します。土地を利用する観点からは「更地のまま利用する」場合と「更地になった土地上に建物を建設して運用する」ものに分かれます。

01 更地化する

更地化するには既存の建物を解体する必要があります。解体する際に気を付けるべきポイントは解体費の負担です。

解体費は対象家屋の大きさや、前面道路の幅員（トラックや重機が通れ

るか）などの諸条件によって異なりますが、延床面積100〜200平方メートル程度の通常の住宅であれば、その費用は150万円から200万円程度かかってきます。

また、解体工事にあたっては近隣住民にも事前によく説明のうえ、粉塵の発生や車両の出入り、その対応などについて事前に説明し了解を取り付けておくようにします。

02 更地のまま利用する

建物解体後の土地を「更地」として活用する方法には次のようなものがあります。

(1) 農地として貸す

郊外・地方などで、農地として貸し出すケースです。専門の農家に貸し出す、都市部では市民農園として貸し出すなどの利用が考えられます。気を付けるべき点は、畑などに転用した結果、近隣に対して砂埃や肥料等による臭気などの問題が生じることです。更地を借り受ける借地人や利用者に対して、利用目的などを十分に確認のうえ、貸し出すようにします。

この場合、地目を宅地から農地に変更することで、固定資産税が安くなるメリットがありますが、家庭菜園レベルでは農地への転用は認められません。また、いったん農地となったものを別の地目に変更する際は、農地法により規制を受けることになります。将来的な売却、他用途での活用などを考慮し、安易な地目変更はおすすめしないようにしましょう。

また、市民農園の開設には、農業委員会の承認が必要です。まずは市町村等の窓口に相談してください。

(2) 隣地に貸す

　更地となった土地を、隣地所有者に貸し出すケースでは、互いに気ごころも知れている場合が多く有効といえます。例えば、隣家の庭の延長として利用したり、家庭菜園などに利用するなど、さまざまな活用法が考えられます。一方で気ごころが知れている分、契約内容の確認・履行が疎かになりがちな面もあり、期限や地代条件などについてはしっかりと確認するようにします。

(3) グラウンド等に提供する

　更地となった土地を、学校や自治体などにグラウンド等で貸し出すものです。比較的長期にわたる賃貸となるケースが多いようですが、近隣に対しては砂塵や騒音などの問題につながるケースもありますので、事前説明は十分に行うようにします。
　更地での貸し出し方法には、「一時利用」など借地権が発生しない形での方法と、後述のとおり借地人が建物を建設することで、借地権を発生させる形態のものがあります。
　法的な取扱いも異なってきますので、お客様の意向をよく踏まえてアドバイスするようにしましょう。

03　更地を借地とし、その上に建物を建設する

　「借地」として貸し出す場合には、以下のような形態がありますので、お客様のご意向をよく確認のうえ、適合する方法をアドバイスします。
　土地を賃貸する場合の留意点は、賃貸の方法と期間です。
　旧借地法においては、いったん土地を貸し出した場合、土地所有者は正当な事由がないかぎり借地人から土地を返還させることができず、土地を賃貸することに抵抗感がある人が多く存在しました。

しかし、現在では定期借地権制度が設定されており、期間満了時に土地所有者は借地人から理由のいかんを問わずに、土地の返還を受けることができるようになっています。

具体的には、Question 26、Question 31 にも述べたとおり「一般定期借地権」「事業用定期借地権」「建物譲渡特約付借地権」に分類されます。住宅用途であれば、「一般定期借地権」の借地期間は 50 年以上とされており、期間満了時には借地人は建物を取り壊して更地にしたうえで土地所有者に返還しなければなりません。

また、ガソリンスタンドやコンビニエンスストアといった事業用に賃貸する場合は「事業用定期借地権」を設定できます。期間は 10 年以上 50 年未満に設定することができ、期間満了時には借地人は建物を取り壊して土地所有者に返還しなければなりません。

このほか、期間 30 年以上で、期間満了時には土地所有者が建物を買い取ることで借地権を消滅させることができる「建物譲渡特約付借地権」があります。

Question 33
空き家除却後の更地を駐車場とする場合

空き家を所有するお客様が、空き家を解体した後の土地を駐車場にしたい要望があるようです。どのようなアドバイスが考えられるでしょうか。

Answer

空き家を解体し、更地のままにした場合、翌年から固定資産税が増額になる可能性があります。それまでの住宅に関する特別控除が受けられなくなるからです。

駐車場としての運用ができれば、収益を固定資産税等の支払いに充当できる等のメリットがあります。一方で、場内で起こりうるトラブル等のリスクにも対応しなければならず、また駐車場の需要にも収益が左右されます。しっかりと市場性を調査して中長期的に安定した運用となるようアドバイスすることが肝要です。

空き家を解体して更地化し、駐車場経営を行う活用方法は、アパートやマンション等を建築して運用する場合に比べて、収益は少ないものの投資金額も比較的少なく、「ローリターン・ローリスク」の運用といえ、いざという時には他の活用に切り替えやすいなどのメリットがあります。

01 市場調査

駐車場経営が少ない投資額でできるといっても、駐車場に対する需要が

当該立地でどの程度期待できるか、需要調査が欠かせません。

計画地周辺の駐車場相場は、地元の不動産会社等にヒアリングすれば、おおむねの相場をつかむことができます。その際、気を付けなければならないのが、同じエリア内でも、立地によって稼働率や賃料に微妙な差が生じるということです。

例えば、駅に近接したエリアであれば、駅までマイカーで通勤する利用客の需要があり周辺相場よりも高く貸せる場合があります。一方、近隣に競合となる駐車場が多い場合、利用客の奪い合いから稼働率は低まり、賃料も安くなる傾向があります。

この点、駐車場専門会社にヒアリングすることもできますが、駐車場会社は自らが土地を「借り上げる」ことを前提に考えますので、実際の賃料よりも安値になる傾向があります。

02 土地の整備

駐車場として整備するためにはいくつかの過程が必要になります。まず、空き家の解体です。解体費用は家屋の大きさや立地などにもよりますが、一般的な住宅（延床面積100～150平方メートル程度）で150万円程度はかかります。

更地化された土地にはどの程度の駐車場を設置できるでしょうか。駐車場における車1台分のスペースはおよそ幅2.5メートル、奥行き5メートル程度が基準となります。また、駐車場は車の移動、切り返しなどに必要なスペースも考慮が必要です。さらに運営の効率化のために出入口部にゲートを設ける、料金精算機などを設置する場合にはそのスペースも必要となります。

これらを考慮すると、駐車場を経営する場合はおおむね1台あたり20～25平方メートルの確保が必要となるでしょう。

また土地の形状によっては、駐車スペースがとりづらい場合もありますので、敷地図を取り寄せて検討することが必要です。
　駐車場として土地を整備するには、①砂利敷き、②アスファルト舗装などの整備方法があります。砂利敷がもっともコストがかかりませんが、高級車などからは敬遠されますので、短期間の運用でなければアスファルトにすることをおすすめします。
　アスファルト舗装のコストはおおむね1平方メートルあたり5,000円程度が相場です。200平方メートルならば100万円程度が必要です。
　舗装後は、駐車スペースを示す「ライン引き」、照明装置、時間貸しの駐車場であれば車止め、精算機、そのほか駐車場看板、隣地との境界柵などの機器等設置工事が必要になります。
　駐車場運営会社に委託する場合は、資金負担や賃貸期間についての規定が各社によってさまざまですので、確認が必要です。

03　駐車場経営の形態

　駐車場経営には「月極め」と「時間貸し」の2つの形態があります。「月極め」は月額で駐車場料金を収受できるので、オーナー自身で行うこともできますが、契約者の募集や契約の締結、更新などの業務が煩雑な場合には、地元の不動産会社に委託する方法があります。
　「時間貸し」は、時間帯によって料金体系が異なってくることや、専門機器の設置が必要なことから駐車場運営会社への委託が一般的です。
　駐車場で、最も注意しなければならないのが、駐車場内のトラブルへの対処です。深夜のカラふかしや不良等がたむろする、車同士の接触やアテ逃げ、不法駐車への対処などが必要になります。地元警察との連絡体制や近隣住民に対する説明など、意外と多くの手間暇がかかりますので、自身で経営する意向をお持ちのお客様には、よく説明を行うことが肝要です。

また、こまめな清掃も運営上大切なことです。ゴミの不法投棄などもよく見られますので、時折駐車場内を見回りして常に清潔で安全な状況に維持することを心がけましょう。

04 税金その他

駐車場は相続対策にも利用できます。ただし、砂利敷きなどの簡易な整備形態では、税務上は自用地として「更地扱い」となってしまうため、コスト等の理由から砂利敷きを採用する場合には注意が必要です。

砂利敷きを避けて、土地上にアスファルトやコンクリートを敷き詰めれば、これらは「構築物」と認められますので、200平方メートルまでの土地ならば小規模宅地における「貸付事業用宅地」として、固定資産税評価は50％の評価減を受けることができます。

なお、アスファルト等の構築物は償却が10年ですので、かかったコストの毎年10分の1相当を費用として計上できるメリットもあります。

また、自治体によっては一定面積以上の駐車場を経営する場合には、届出が必要になります。東京都では、以下の2つに該当する駐車場は「路外駐車場」として駐車場法11条の「構造および設備の基準」に適合しなければなりません。

① **一般公共の用に供する駐車場**

不特定多数の人が利用できる駐車場をいい、時間貸し駐車場が含まれます。商業施設や病院などの駐車場も対象となります。

② **一般公共の用に供する駐車面積の合計が500平方メートル以上の駐車場**

駐車マスの面積が合計で500平方メートル以上になる駐車場。出入口や精算機設置部分等の面積は含まれません。

Question 34
空き家リフォーム時の留意点

お客様から空き家をリフォームして賃貸などに使用できないかと相談を受けました。空き家のリフォーム時にはどのような点に注意が必要でしょうか。

Answer

まずはご相談いただいた空き家が、リフォームに堪えうる物件であるかの見極めが大切です。ポイントは、単に外観や築年数だけでなく、構造躯体が十分に活用できる状態にあるかをチェックすることです。

また、リフォームにかかるコストがどのくらいの期間で回収できるのか、市場性をよく調査したうえで慎重に計画を練る必要があります。

空き家のリフォームは、次のような手順で行います。リフォームは内容によっては相当の費用がかかります。リフォームローンを利用の場合など、お客様の返済能力も含めた判断とサポートの必要があります。

なお、リフォームの前提として、ご相談をいただいたお客様だけが所有している物件かどうかも確認が必要です。相続等で所有者が複数にわたる場合などは、所有者全員が家屋をリフォームして賃貸に供することについて同意しているかどうかわからないためです。

01 耐震性が重要な物件実査

リフォームの際に、まず気を付けるべき点は、耐震性です。リフォームというと、内装ばかりを考えがちですが、賃貸に供する場合、建物の耐震性は賃借人にとっては大きな判断材料になります。

耐震性が確保されているかの判断基準に建築基準法による新耐震基準があります。新耐震基準は1981（昭和56）年6月1日以降の建築確認基準から適用されていますので、この日付が1つの目安となります。

旧耐震基準の建物でも、耐震性が確保されている家屋も多く存在しますので、旧耐震であれば、まず耐震性についてチェックします。

耐震に問題がある場合には、耐震補強を施します。筋かいの補強などが中心となりますが、ほとんどの自治体で、耐震診断や補強設計、耐震工事にかかる補助金制度が実施されていますので、自治体の条例やホームページ等を確認しましょう。

また、築年数が経過し、長年空き家として放置されていたような物件では、外観上は問題がなくても、シロアリの被害、給排水管の劣化による漏水等、屋根瓦の劣化による雨漏りなど経年劣化が著しい場合があります。こうした場合には、リフォーム工事以前に建替えが必要となることがありますので、専門家に物件を調査してもらうことから始めましょう。

02 効果的なリフォーム箇所の特定

実際のリフォームにあたっては、必ずしも建物の劣化部分をすべてリフォームする必要はありません。それでは建物のどの部分をリフォームすればよいでしょうか。

ポイントは水回りです。住宅における水回りとは、キッチン、洗面、ト

イレ、バスルームを指します。

　水回りは、生活の基本となる部分であるため、この部分を徹底的にリフォームすることで物件としての価値を大幅に回復させることができます。最近のテナント（賃借人）は、「清潔」であることを強く求める傾向にあります。賃貸住宅では、水回りに対するクレームが非常に多くなっているのが実情です。

　逆に考えれば、内装はともかく、水回りをしっかりとリフォームしておけば賃貸マーケットで高く評価されることになりますので、限られた予算の中では水回りに多くの費用をかけることがポイントとなります。具体的には、部屋内の壁紙（クロス）や襖、障子などの更新は汎用品にとどめ、バスタブや便器、洗面台の更新といったリフォームがおすすめです。

03　工事費用の見積り、業者の選定

　上記のようにポイントを絞ったうえで、リフォーム業者に見積りを依頼することになりますが、注意したいことは、リフォームしたい箇所を的確に業者に伝えることです。

　業者への丸投げでは、必要のない箇所までリフォームを見積もったり、デザイナーが流行の色や内装で"遊び"はじめて、費用がかさんでしまうことがあります。また同様に、お客様個人の趣味や嗜好を内装仕様に反映させることもあまりおすすめできません。リフォームは、あくまでも物件の市場性を高め、「貸しやすい」、そして「メンテナンスしやすい」改修を目指すものであり、個人の趣味を追求するものではないからです。リフォーム箇所を特定していないと、複数の業者から相見積りをとっても、業者ごとに工事内容が異なれば、比較のしようがなくなります。

　また、空き家のリフォームに対しても、自治体により補助金や貸付制度が実施されている場合があります。自金融機関の提供するリフォームロー

ンのほか、公的な補助金制度、貸付制度などについても事前に確認し説明することが必要です。

相見積りにより業者選定を行う場合、「価格」が選定基準となりやすいのですが、工事の品質も大切です。金融機関としても、日頃の情報収集、つきあいから信頼できる業者を複数紹介できれば、お客様の納得につながるでしょう。

04 施工・アフターフォロー

業者の選定後は施工ということになりますが、施工にかかったところ、施工中に思わぬ瑕疵が見つかり追加工事が発生することが現場ではよくあることです。こうした場合に備えて予算上は若干の予備費を計上し、期間も若干の余裕をもっておくことも必要です。

業者によっては、見積りの段階では低い価格提示をして、施工してから、追加工事を名目に工事費を上乗せするような悪質な業者も散見されます。信頼できる業者を選定することは非常に重要となります。

また、施工後もアフターフォローが必要です。特に中古物件では、テナントの入居後でも設備等の不具合が発生したりします。工事業者との間にはアフターフォローに関する規定がありますので、その内容についてもお客様によくご理解をいただき、アフター工事などで余分な費用負担をかけないようにフォローが必要です。

Question 35
空き家を賃貸する場合

空き家を所有するお客様から、空き家を貸家として活用したいという相談がありました。どのような点に注意が必要でしょうか？

Answer

空き家を放置せずに賃貸物件として活用することは、社会インフラとしての住宅を有効に活用していくという意味でも意義のあることです。積極的なアドバイスが望まれます。

一方で、すべての空き家が賃貸できるわけではありません。事業として成功してはじめて有効な活用法となります。リフォームに多額の資金が必要となる場合もあります。金融機関としては、リフォームローン等の提供だけではなく、賃貸マーケットの状況なども勘案し、収支見込み等も含めた総合的なアドバイスが必要です。

空き家を賃貸物件として活用する際は、以下のようなチェックを入念に行ったうえで、準備に入るようにしましょう。

01 物件の性能の確認

(1) 耐震性、水回りが重要

まず空き家の現況をよく調査することから始めましょう。住宅は長い間使われていないと、劣化が早まるといわれます。建物の構造躯体がしっか

りしているか、シロアリなどの被害がないか、耐震性は確保されているのかなどは事前に確認が必要です。特に、最近のテナントは「耐震性」に非常にナーバスになっています。リフォーム工事を実施する場合、前掲のQuestion 34 を参考に、耐震工事、水回りの順に優先的に行うことが肝要です。

(2) 住宅の劣化原因

住宅は、定期的に「通気」をしていないと家屋内に湿気がこもって傷みが早まり、また「通水」をしていないと、給排水管が乾燥するため下水の汚臭や虫等が上がってくることがあります。さらに、排水管のヘドロ・異物が硬化し排水管の劣化が早まります。水回りに使われているゴム栓・パッキン類も、乾燥により劣化が進み、結果的に漏水などにつながるケースが多くあります。また、長期間不使用後に、通電した瞬間に溜まったホコリなどでショートして火災につながる場合もあります。電気設備の点検も欠かせないところです。

02 物件の市場性

(1) 賃貸料の相場の確認

空き家が立地するエリアについて、賃貸需要がどの程度存在するかの調査は非常に大切です。周辺エリアの募集状況は地元の不動産屋やインターネットの物件検索などでおおよその「相場」を把握することができます。

賃貸住宅の相場は次の要素で決まります。

① **立地**
最寄り駅からの距離、周辺環境、方角、日照など。

② **築年数**
築年は一般的には古くなるほど賃料は安くなります。

③　賃貸面積

　面積に応じて単身者向け、カップル向け、ファミリー向けなどに分類され、賃料水準が異なってきます。

④　間取り

　間取りは賃借人の家族構成などの観点からきわめて重視されます。

　賃貸料は、こうした個々の条件を総合的に勘案して決定されます。

(2) 戸建て住宅の特性とリスク

　マンションであれば、同じマンション内の他の賃貸物件や近隣の事例などを調査することでおおむねの相場を把握することができます。ところが、戸建て住宅では、同一物件が存在しないことから相場の把握が難しくなります。対象物件の立地条件もよく精査したうえで、想定される賃料を算出します。複数の地元不動産会社などに照会して、当該物件に近い事例を拾ってもらうのもよい方法です。

　戸建ての空き家物件の場合、一棟をまるごと賃貸することになりますので、ターゲットはファミリー層が中心となるでしょう。ファミリーにとっては、戸建て住宅は「環境重視」の傾向にあります。また、地域により駐車場の有無も大きなポイントとなります。空き家の立地条件を精査し、想定顧客にふさわしいアピールポイントを整理しましょう。

　特に気を付けたいのが、近隣で今後予定される新規物件の状況です。賃貸市場では新築マンション・アパート等も競合となりますが、状況によっては長期間にわたってテナントがつかず、賃貸料をダンピングせざるを得なくなったり、あるいは「フリーレント」と呼ばれる賃料免除期間などを付す必要が生じたりしてきます。賃貸の事業収支の想定にあたっては、ある程度のリスクを勘案することが肝要です。

(3) 物件の募集時期

　賃貸住宅の場合に意外と見過ごせないのが賃借人の募集時期です。賃貸住宅マーケットでテナントが一番見込める時期が、春と秋であるためです。つまり、春はお子さんの新入学、親御さんの転勤などが重なるシーズンですし、秋も人事異動の多い季節です。リフォーム工事を実施する場合などには、テナントがもっとも動く時期に「新規リフォーム済み物件」としてマーケットに拠出できるよう竣工時期にも工夫を凝らすことがコツとなります。

　具体的には、転勤や新入学が決まって動き出すのが2月といわれますので、2月までに竣工し、賃貸マーケットに出すことでもっともテナントを捕まえやすくなります。秋口であれば夏休みの時期くらいまでには竣工していることが望まれます。

03　物件管理の考え方

　戸建て住宅の賃貸であれば、賃借人は1者となることが大半ですので、オーナー自らが物件の管理を行うことも可能ではありますが、住宅にクレームはつきものです。賃借人がゴミ出しのルールを守ってくれない、勝手にペットを飼っているなどの事態が起きた際にも、貸主が直接注意しにくいこともあります。ちょっとした水漏れや排水管の詰まりなど、トラブルが発生した時の対応を考えると、地元の不動産会社などに委託することをすすめましょう。

　地元不動産会社であれば、賃貸借契約書の締結、賃借人の募集、建物管理、建物の使い方に関する注意、契約更新、賃料収受・督促、退去時の手続きや原状復旧など煩雑な業務を依頼することができるので、中長期的に安定した運用資産とするためにもプロの手を借りることを提言することです。

Question 36
空き家の住宅以外の用途での活用

空き家を住宅として再利用するのは難しいので、住宅以外の用途で活用したい場合、どのような点に注意すればよいでしょうか？

Answer

空き家のほとんどは、以前は住宅として使用されていた物件です。しかし、今後も住宅需要が期待できないエリアであれば、住宅以外の用途での活用も視野に入れるべきです。最近では住宅の形態をとりながらコンセプトが異なるシェアハウスや、地域住民などが集うコミュニティハウス、「こども食堂」のプロジェクトなど、さまざまな形態での活用があります。

住宅以外の用途での活用に際しては、用途変更について届出を要する場合や、改修等に多額の費用が嵩むケースもあることに注意が必要です。

空き家の活用を考える場合、住宅としての活用がまず想定されますが、そもそも空き家が多いエリアは、住宅に対するニーズが少なくなっているという事情があります。

住宅として多額のリフォーム費用をかけても、そもそも需要が薄くては満足できる条件で賃貸することができません。空き家の活用においては必ずしも従前の用途にこだわらず、現在の環境に合致した用途で運用することも考慮すべきです。

最近では床面積の大きい空き家などは、シェアハウスのような「共同生

活のための住宅」に展開する事例や、地域のコミュニティハウスとして、子供からお年寄りまで3世代が集えるような施設にする事例、古民家などを改装して「民泊」として貸し出す事例など、これまでの「住宅」の概念にこだわらない活用も行われるようになっています。

しかし、一方で住宅地においてはさまざまな用途制限があります。都市計画法上の用途地域の制限や、建物の確認申請時に「住宅」としての用途で申請しているため変更が必要になるなど、留意すべきポイントがあります。

01 「用途」を変更する場合の注意点

都市計画法上の用途地域において定められている用途を逸脱した運用を行うことはできません

例えば、古民家を改装して「民泊」などの宿泊施設として運用する場合、この古民家が商業地域等に立地していれば問題ありませんが、低層住居専用地域などにあると、法令違反となります。民泊は、現状では国家戦略特区の一部での活用や、旅館業法上の簡易宿所（カプセルホテル等と同じ）としての扱いによる活用など、一定の制約があります。用途地域とともに、現状での制限をふまえたアドバイスが必要です。

また建物についても、建築基準法上、建築確認申請時には「住宅」として申請していたものを、「店舗」、「旅館」、などへ用途変更をする場合、「用途変更」の手続きが必要となります。

建物の用途によっては、建物に必要な設備内容や機能が異なってきます。旅館やホテルなどに変更する場合は、旅館業法により、消防署や保健所の指導のもと火災報知器やスプリンクラーの設置、避難路の確保など多くの項目が義務付けられています。あらためて申請することが必要となりますので注意するようにしましょう。

02　改修費用

　上述したように、用途変更を行うと、それぞれの用途に合わせた改修工事が必要となります。

　用途変更の内容によっては、多額の改修費用が発生することも想定しなければなりません。特に、不特定多数の利用者を扱う用途になると、規制は厳しくなる傾向があります。それぞれの用途で必要な設備改修項目を洗い出し、改修工事内容を定めていかなければなりません。

　改修費用の多寡によっては活用を断念する場合も出てきますので、工事内容を精査のうえ、計画を進める必要があります。

03　近隣問題

　用途を変更することは近隣住民にとって地域の環境の変化にもつながります。変更の内容によっては事前に近隣住民等への入念な説明が必要となります。

　特に店舗などの不特定多数の顧客を集めるような用途の場合には、騒音、行列、飲食店舗の調理による臭気や煙、ごみなど多くの問題が発生する可能性があります。

　また、主に外国人を対象とする宿泊施設なども、近隣住民からのクレームの対象となるケースが多くあります。

　最近では、空き家を保育所に提供したケースで、近隣住民から設置について猛反対を受けたような例もあり、計画にあたっては入念な合意形成が必要となることを頭に入れておきましょう。

04 税金

　住宅には税制上、多くの特典があります。例えば敷地面積200平方メートル以下の「小規模住宅」においては固定資産税の税額は通常の税額の6分の1に減額されています。

　この住宅を解体し、新築のアパートを建設した場合には、土地については同様の減額措置を受けることができますが、用途を変更して店舗などに変更すると、こうした特典が受けられなくなってしまいます。

　上記のように、用途を変更する場合には、都市計画上の用途制限のみならず、それぞれの用途において定められている規制をよく確認し、さらに税金等の取扱いにも留意した提案が求められます。

Question 37
空き家の売却先の探し方

お客様から、長く高齢者施設に入居していた親御さんが亡くなり実家が空き家となったので、売却先を見つけたいとの相談を受けました。どのように売却先を探せばよいでしょうか？

Answer

空き家の売却には、①特に手を加えずとも売買マーケットで売却できる場合、②リフォーム等を施して売却する場合などが考えられますが、いずれの場合でもまず、売却できる状態に整えることが必要となります。お客様は「売る気になればすぐに売れる」と考えがちですが、権利関係の整理や隣地との境界の確認、意外と盲点となる家財道具の整理など、基本的事項を押さえたうえでの取組みが必要です。

　空き家の売却先を探すには、不動産仲介業者への依頼が最も確実な売却方法といえます。したがって物件自体の老朽化がそれほどでもなく、マーケットで十分な流通性があると確認できる物件については、仲介業者に委託することができます。

　仲介業者ではなかなか顧客を捕まえることが難しい、流通性の乏しい物件については、例えば他県からの移住者などに売却する方法があります。ただし、価格は相当に安くなる可能性があることを覚悟しておいたほうがよいでしょう。都道府県や市町村など自治体によっては、本書にも紹介し

た「空き家バンク」などの仕組みがあり、空き家バンクに登録することで、IターンやJターンを考える都市部の人々向けに、空き家を売却できる可能性があります。

01 仲介業者への委託

(1) 専任媒介契約と一般媒介契約

　土地建物の取引を行うにあたっては、宅地建物取引業法に則った仲介業務の免許を所持した業者である「宅地建物取引業者」に委託することです。売却時には、宅建業法で定められた仲介手数料を支払うことになります（「売却価格の3％＋60,000円＋消費税」が上限）。

　委託方法には、おおまかに、「専任媒介契約」と「一般媒介契約」の2とおりの契約があります。

　専任媒介契約は、売却依頼を1つの仲介業者へ単独依頼し、他社とは同様の契約は行わない、とする方法です。1社のみの委託ですので受託した業者は真剣に相手先を探してくれる傾向があります。しかし、他社に委託ができないことから、売却情報が広がらず、業者の能力によってはなかなか成約に至らないおそれがあります。

　幅広く売却先を探す場合には、「一般媒介契約」を複数社と結びます。一般媒介契約は、複数の業者への売却委託ですので、購入者につながる可能性は高くなりますが、一売却物件として市場の実勢に影響され、不動産としての価値が低い物件は、業者も力を入れずマーケット内で放置されるリスクがあります。

　いずれにおいても売却にあたっては、業者に「値付け」をしてもらいます。売主からは希望価格も伝えて、業者が提示する相場とも整合性をとっていくことになります。

(2)「売却できる」状態にする

また、売却の際には、空き家を「売却できる」状態に整えておくことが必要です。家財道具等の片づけや、長く空き家の状態が続いた物件などは、通気や通水をして、給排水管などに漏れが発生していないか、シロアリなどの被害がないか、場合によっては専門のインスペクション（住宅診断）会社などに依頼し、チェックする必要があります。

住宅のインスペクションには、大きく①リフォームや瑕疵保険のための事前検査としてのインスペクション、②取引に利害のない第三者が、客観的に行うインスペクションの2種類があります。

2016（平成28）年2月、宅地建物取引業法の改正が閣議決定され、中古住宅取引における情報提供の充実を図るべく、宅建業者は、①媒介契約の締結時に建物状況調査（インスペクション）を実施する者のあっせんに関する事項を記載した書面の依頼者への交付、②買主等に対して建物状況調査の結果の概要等を重要事項として説明、③売買等の契約の成立時に建物の状況について当事者の双方が確認した事項を記載した書面の交付、の3点を義務化し、インスペクションの活用を促す方向で法改正が進められています。

(3) お客様の意向や思いを確認しておく

売却にあたってもっとも大切なことが売却金額の決定ですが、空き家はお客様の親御さんなどの「思い入れ」が強い物件であることが大半です。お客様の心情やこれまでの経緯などもよくヒアリングしましょう。

空き家は、一般にリフォームを施したほうがより流通性が高まり、より高く売却できることになりますので、その点もお客様の意向にもとづき事前に専門家等と協議しておきます。空き家は、保存状況にもよるものの通常の中古住宅取引に比べ「安値」で取引されることがほとんどですが、売却価格のみにこだわっているとせっかくの売却のチャンスを逃してしまう

こともあります。近隣物件の相場や、相場と当該空き家の状態などの見合いを十分に説明し、お客様にご納得いただける価格での売却を目指しましょう。

02 空き家バンクへの登録

通常の流通ルートでは売却先がなかなか見つからない物件は、各自治体などが設置している空き家バンクの利用もおすすめしましょう。多くの場合、仲介業者に委託している物件でも登録することができます。

空き家バンクは、自治体などを運営主体として空き家所有者が登録した空き家と売却先、賃貸先のマッチングを行うことで、自治体にⅠターンやＪターンで戻ってくる高齢者や若者の受け皿として機能させようとしているものです。

今後は、国土交通省ほかの主導により、全国の空き家バンク情報を集約した全国共通のシステムが構築され、空き家利用希望者がどの自治体からも互いの地域の物件の検索ができるようになる予定です。

地元の業者だけでは得ることができない全国からの利用希望情報を得るという意味からも空き家バンクを積極的に活用したいところです。空き家バンク登録に際し、自治体によってはリフォーム費用や家財道具の処分にかかる費用の支援や、売却先が決まった場合の不動産取引にかかる諸税を減免する制度も実施されていますので、事前に調査・確認し、おすすめしましょう。

03 その他

(1) 隣地所有者への売却も有効

業者への委託、空き家バンクへの登録といった方法以外にも意外な売却

先の見つけ方があります。空き家の処分で実はかなり確率が高いといわれているのが、隣地所有者への売却です。

隣地所有者にとっては、隣のお客様の土地を購入すれば、自家所有の土地をそのまま拡大し活用の幅を拡げる絶好のチャンスです。隣地であるため、土地の状況についても従前からよく知っている場合も多く、「広い庭がほしい」「将来、子供が住宅を建設できるようにしたい」など、隣地所有者ならではの特定のニーズをもっているケースもあり、比較的容易に売却がまとまることが多いようです。不動産業界でも「隣の土地は倍出してでも買え」との格言があるといいます。

隣地所有者が、同じ金融機関の取引先である場合もあります。本人同士がコンタクトをとることが難しくとも、金融機関からお声がけすることで、取引が成立した事例も多数あります。

（2）自治体への寄付等

物件によっては、売却にはつながらなくとも、自治体等に寄付ができる場合があります。歴史的に価値の高い家屋であったり、公共施設として利用可能な施設として保存できそうな場合などが該当します。現在は、基本的には自治体は不要な不動産等の寄付を受け付けないのが一般的ですが、国土交通省では、今後、不要となった空き家を自治体等に寄付できる仕組み作りに乗り出し、空き家情報の全国一元化をあわせて進め、物件の再流通や民間の利用促進を図る方針とされています。

空き家物件はお客様の思い入れが強いことも多いものですが、丁寧な説明をしてじっくり売却先を探すようにしましょう。

Question 38 空き家に関する税金および特例等

空き家についての相談に関して、注意すべき税金にはどのようなものがありますか？

Answer

空き家であることについての課税はありませんが、空き家を保有・管理したり、賃貸や利活用、売却を行うために、空き家に関する税金についてはよく把握してお客様に説明します。実務上の詳細については税理士にも相談し、お客様に正しく理解していただけるよう努めましょう。

　空き家対策を検討する場合、不動産を動かす（活用する、売却する）ことに伴う大きな問題として税金が関与してくることになります。ここでは特に注意すべき税金について解説します。

01 小規模住宅用地の固定資産税の減額の特例

　住宅用地においては、敷地面積200平方メートル以下の場合には、通常の固定資産税評価に基づいて算出された固定資産税（標準税率1.4％）を6分の1に減額する措置があります。また、敷地が200平方メートルを超える部分については、3分の1に減額されます。
　空き家が放置されている大きな原因の1つに、空き家を解体して更地にしてしまうことで、この特例が利用できなくなり固定資産税が大幅に

アップしてしまうことがあるともされています。この場合、固定資産税および都市計画税の負担調整措置を適用しても、最大でおよそ3～4倍の税負担が課せられることとなります。

空き家対策においては、家屋の解体に際して、この特例の扱いをよくお客様に対して説明しておくことが必要です。

例えば、更地にして売却する場合に、売却が不調に終わり、1月1日をまたいでしまうと、翌年の固定資産税は通常の「更地」での評価となってしまいます。

自治体によっては、空き家を解体して更地化しても、一定期間については更地評価とすることが猶予される場合もあります。地域の実情に応じて、制度をよく確認してアドバイスしましょう。

この小規模宅地の評価減はアパート等の賃貸住宅でも適用されます。しかも、アパートの場合は1戸あたりで200平方メートル以下であれば6分の1が適用されることを覚えておくとよいでしょう。

02 貸家建付地の評価減

空き家を賃貸資産などで活用する場合、土地と建物については相続税評価において一定限度で評価減される特典があります。

例えば空き家を解体・更地化してアパートやマンションにした場合、土地については、

路線価評価額×(1－借地権割合×借家権割合)

建物については

固定資産税評価額×(1－借家権割合)

で評価され、更地評価に比べ大きな圧縮が期待できます。

相続評価だけでアパート建設などをすすめるのではなく、賃貸需要を見極めて、中長期で安定した運用が図れるようアドバイスする必要がありますが、借入金などをうまく組み合わせて、相続税対策を提言することも有効な空き家対策となります。

03 相続空き家売却時の譲渡所得特別控除

空き家物件が流動化しない1つの原因として、空き家はほとんどが築年の古い物件であるため、取得時の簿価がわからず、売却した場合、多額の譲渡税が課税されることを嫌気されるということがあります。

これに対して2016（平成28）年4月より、一定の条件のもとで空き家の譲渡所得に対する特別控除制度が創設されました。

内容としては、空き家を売却した際の譲渡益に対する所得税を3,000万円まで控除するというものです。期間は2016（平成28）年4月1日から2019（平成31）年12月31日までの譲渡についての時限措置です。

対象物件は以下の条件を満たす物件となりますから注意が必要です。

① 相続が開始したことで空き家化した物件（一戸建て住宅のみ。区分所有建物は除く）
② 旧耐震基準物件（1981（昭和56）年5月末までの確認申請分）
③ 耐震改修したうえで売却する、または解体更地化して売却する物件
④ 相続開始から譲渡時までの間に「賃貸」「事業用」「居住」に供していない物件
⑤ 相続開始から3年を経過する年の年末までに譲渡された物件（2013（平成25）年1月2日以降の相続発生物件）
⑥ 譲渡金額が1億円以内の物件

具体的に、どれほどの効果があるのかシミュレーションしてみましょう（図表3-2）。実際のケースにおける税額計算は税理士に依頼しましょう。

●図表3-2　空き家売却による譲渡所得特別控除の効果

《空き家改修後2,000万円で売却の場合》

簿　　　価	100万円
改　修　費	300万円
仲　介　料	60万円
譲 渡 所 得	1,540万円
通常譲渡税	約312万円
特例適用後	0円

＊長期譲渡税率20.315％で換算

《解体更地化して500万円で売却の場合》

簿　　　価	25万円
解　体　費	160万円
仲　介　料	15万円
譲 渡 所 得	300万円
通常譲渡税	約60万円
特例適用後	0円

Question 39
各種空き家ローンの提案

金融機関の提供する空き家解消にかかる各種ローンには、どのようなものがありますか？

Answer

　空き家解消を目的としたローンは、空き家の撤去を促すための「解体ローン」と、有効活用を促すための「利活用ローン」に大別されます。
　地域金融機関を中心として、地元自治体との連携により、空き家バンクや補助金などの仕組みや制度と連動した各種ローンの新設が進んでおり、金利の優遇を行う等、空き家の解体・利活用に向けた利用を促しています。

01 空き家対策ローンの概要と活用例

　先にQuestion 24でみたように、空き家対策には、大きく解体・除去と利活用の2つの方向性があります。地域金融機関においては地元自治体の施策と連動した特色のある空き家対策ローンが新設されており、ここではいくつかのローンをご紹介します。

（1）空き家対策ローン
　空き家問題がクローズアップされる中、全国各地の地域金融機関が空き家の解体費用、空き家の購入および賃貸を目的としたリノベーション費

用、防災・防犯上の設備対策費用など、空き家対策用のローンの提供をはじめています。

　無担保・無保証人の取扱いが多く、通常のフリーローンと比べて申込年齢や融資期間などの条件が緩和されているケースもあります。また、優遇金利が設定されたり、インターネット申込みが可能であったり、利用がしやすい商品設計となっています。また、次のように地元自治体の施策と連動したローンも多く提供されていることも特徴の1つです。

①　空き家対策補助事業と連動したローン

　地域の「空き家対策補助事業」として自治体が実施する利子補給制度が組み入れられた、地域内の空き家解体を目的としたローンです。

　補助金の額を空き家解体のためのローン支払利子額とし、通常のローンよりも金利が優遇されています。解体工事の施工を地域内に事業所を構える事業者に限定することで、地域内で資金が循環する仕組みがとられています。

②　空き家バンク制度と連動したローン

　自治体などが運営する「空き家バンク制度」に登録された空き家を対象として、主にリノベーションの促進を目的に提供されているローンです。

　通常のローンよりも優遇された金利設定となっています。空き家または空き家除去後の土地保有者、そのほか空き家バンクに利用登録されている域外転入者を対象としており、空き家バンク制度の普及促進を目指しています。

③　移住希望者支援事業と連動したローン

　自治体が掲げるUJIターン推進策として展開されている「移住希望者支援事業」と連動した、空き家の購入やリノベーションを資金使途としたローンです。

　同自治体に定住するために空き家（中古住宅）を購入することを条件としています。対象住宅の購入費用に対しては自治体の補助金制度もあり、

ローンとの組み合わせで円滑に資金を提供し、UJI ターンを積極的に促すものです。

02 リバースモーゲージローンの活用

　リバースモーゲージローンとは、持ち家を売却することなく、持ち家を担保に老後の生活費などを補うことのできる金融サービスですが、空き家対策として活用している地域金融機関があります。一般社団法人移住・住みかえ支援機構と連携した空き家を賃貸物件として活用することを前提としたローンです。

　一般的なリバースモーゲージローンでは対象物件の売却を返済原資としているのに対し、同機構が空き家を借り上げて転貸することによる賃料返済型リバースモーゲージローンとして賃貸収入を返済原資としている点に特徴があります（Question 11 の図表 1-24 も参照してください）。

　これまでは、高齢者が有料老人ホームなどの施設に住み替える場合、もともと住んでいた自宅が空き家となってしまうケースがありましたが、これを賃貸物件として活用することで賃貸料による利用者の返済負担を軽減するとともに、新たな空き家の発生を食い止めつつ、新たに子育て世代を中心としたファミリー層を地域に呼び込むという、画期的な仕組みとなっています。

Question 40
空き家対策と金融機関の役割

近時「地方創生」、「地域活性化」のかけ声が高まっているところですが、地域活性化・地方創生における空き家問題対策と金融機関が担うべき役割とは何でしょうか？

Answer

今後も予想される人口減少を背景として、空き家の増加は避けて通れない状況にありますが、移住推進、創業支援など自治体が進める地方創生施策の中で空き家の有効活用が地域の活性化につながるケースがあります。

金融機関には空き家対策に向けた金融支援はもちろんのこと、情報やネットワークを活用した空き家の利活用推進の支援が期待されています。

01 「地方創生」「地域活性化」のための空き家対策

空き家の増加を悲観的にとらえるのではなく、空き家を活かした特色ある地方創生施策を実行することで、創業・新規事業者や移住者の呼び込みが可能となり、地域の活性化につながっていきます。

(1) 創業支援による空き家活用

地域における創業・新規事業等の促進における1つのインフラとして、

空き家の活用が有効な手段となっています。

空き家の活用ケースとしては、空き家そのものの雰囲気を活かしたカフェや民宿の運営、商店街で生じた空き店舗のコミュニティスペースとしての利活用や、最近では、遠隔地でのテレワーク、リモートオフィスにもなじみやすいIT関連事業者が、自然環境に恵まれた地方の空き家を開発拠点として活用するなど、利用の幅が広がり始めています。

また、空き家をコワークスペースとして活用することで、新たなビジネスの創出につながるケースも生まれています。自治体の中には、空き家を利用する創業者に補助金の支給を行うなど、空き家を有効に活用した産業の振興や雇用促進を支援メニューに盛り込んでいるケースもあります。

(2) 地域のUJIターン推進による空き家活用

今後、各地域で避けることのできない人口減少に歯止めをかけるためには、他地域からの移住を促進することが有効として自治体の多くがUJIターンの推進を主要な施策として位置づけており、その受け入れ住居として、空き家の利活用がすすめられています。

自治体が未利用の空き家を長期間借り受け、リノベーション後に移住希望者に貸し出す事例や、生活体験施設として希望者に貸し出し、一定期間実際に生活してもらうことで移住実績をあげている自治体の例もあります。また、インターネットなどを活用して職場を離れて働くテレワークであれば、希望する職のない地方への移住も可能であり、住居兼オフィスとして空き家の利用が考えられます。

一方、自治体の多くが都市計画において都市機能の郊外への拡大を抑制し中心市街地の活性化を図る「コンパクトシティ化」を目指していますが、これは、すべての空き家を活かすような施策とは相容れないため、利活用エリアを明確にし、それ以外の地域については解体に向けた支援策を講じるなど、メリハリのついた対応が求められます。

(3) 日本版 CCRC 構想の実現における空き家活用

「日本版 CCRC 構想」とは、「東京圏をはじめとする地域の高齢者が、希望に応じ地方や「まちなか」に移り住み、多世代と交流しながら健康でアクティブな生活を送り、必要な医療介護を受けることができるような地域づくりを目指すもの」とされていますが（日本版 CCRC 構想有識者会議「日本版 CCRC 構想素案（概要）」）、高齢者が自立して生活を送ることのできる拠点として、空き家などの既存のストックを活用することが考えられます。

もともと長期にわたり地域に建てられていた空き家を生活の場とすることで地域のコミュニティに溶け込みやすく、健康な高齢者が望むような多世代との交流や地域との共働が実現するはずです。その場合、前述のコンパクトシティ化と同様にエリアの絞込みを行い、医療・介護施設などのケアシステムの充実を図るとともに、利活用の対象とする空き家においてもバリアフリー化などの高齢者に優しい仕様にリノベーションを施すなど、利用者に選んでもらえる環境づくりが必要になります。

02 金融機関の役割

空き家の利活用を促すためには、利用可能な空き家の情報や、移住を希望する住民のニーズ情報をそれぞれ集積し、円滑にマッチングする機能が必要になります。多くの自治体では「空き家バンク」を設置しその効果を期待していますが、本書第1章にも見るように情報の登録が進まず、また、登録されている空き家の中には老朽化等により利用が難しい物件もあり、想定どおりにマッチングが進んでいるとはいえない状況です。

(1) 情報・ネットワークを活用した「空き家バンク」の稼働率向上

そこで、地域金融機関が有する地域の情報、ネットワークを利用するこ

とで、「空き家バンク」などのマッチングシステムの稼働率を高めることが可能になると考えられます。

　両親の死亡に伴って実家が空き家になっているケースや、移住のために自宅が空き家になっているケースなどにおいて、空き家を有している取引先に対しては、まずは「空き家バンク」への登録をおすすめするべきです。場合によっては、金融機関の担当者が現場確認を行い、空き家の状態を把握したうえで登録を促すことが質の向上につながるものと考えます。

　一方、金融機関の店舗網などのネットワークを活用し、特に大都市圏向けに、まちとしての魅力や生活基盤の紹介など積極的な地元のPRを展開するなど、潜在的な移住希望者を発掘することも大切な役割となります。空き家バンク情報の充実、移住者の発掘を同時に進めることで、結果として空き家の利活用は広がりを見せるはずです。

(2) 自治体との連携によるまちづくり支援

　政府による地方創生の実現プランである「まち・ひと・しごと創生総合戦略」を受けた自治体ごとの自主計画の中でも、KPI（重要業績評価指標）として「空き家の活用件数」を掲げる自治体があるなど、多くの自治体が、空き家問題を地域の課題としてとらえ、解決に向けた具体的な施策を盛り込んでいますが、こうした施策の実行を側面支援することも地域金融機関の大切な役割です。

　例えば、創業希望者に対して創業計画の策定を支援する過程で空き家の利用を促したり、自治体と連携して空き家の有効活用をテーマとしたセミナーを実施したりするなど、金融支援以外にもさまざまな関与の仕方が考えられます。金融機関は、こうした情報収集・情報提供の段階からまちづくりに関与することで、「空き家対策ローン」などの金融サービスの提案とあわせ、地域貢献にもつながる役割を果たすことが可能になるのではないでしょうか。

03　進む自治体との連携と金融機関への期待

　地方創生の実現は、地域一体となった取組みにより導かれます。そのためには豊富な人材を抱える自治体と金融機関の連携が求められ、現在、全国各地では「包括連携協定」等のかたちで協働体制が整いつつあります。

　筆者が属する株式会社YMFG ZONEプラニングは、2015（平成27）年7月、地方創生を目的として設立された山口フィナンシャルグループ100％出資の地域コンサルティング会社で、自治体、大学、産業界を巻き込み、地域が一体となった施策を展開しています。

　「しごと」を創り、「ひと」を呼び込み、そして住みやすい「まち」の形成に向け、「中堅・中小企業成長基盤整備」「ビジネスデータ整備」「オープン・イノベーション」「地域インフラ整備」「労働生産性向上」の5つを事業の柱として、戦略策定から実行に至るまで志を持った社員10名が、20件を超える地域プロジェクト案件に直接関与しています。

　プロジェクトの中には「空き家」を活用したまちづくり構想も含まれますが、その多くは自治体との連携を必要とするものです。こうした視点から、2016年7月現在、地域内の9つの自治体と包括連携協定を締結し、地域産業の振興や若者の就業支援・定住促進や街づくり、子育て支援などといった連携協定項目を明らかにしたうえで、地域として進むべき方向を共有しています。また、地域に主要な生産拠点を有する大手企業との間でも地元の下請企業の成長支援を目的とした包括連携協定を締結するなど、地域一体となった取組みを進めています。

　地方創生の実現には、それぞれの地域の環境や特性に応じた取組みが必要です。設立間もない弊社にも、地域とともに考え、歩み続けることのできる地域に密着したコンサルティングへの期待が寄せられています。

　地域金融機関には、今後、空き家問題を含めたさまざまな地域の課題に

立ち向かい「地域貢献」を実現するために、自治体をはじめ、大学、民間企業などを巻き込んだ地域連携を先導する役割が期待されます。地域において断トツの情報収集力や問題解決力を有し、そして何よりも強い地域愛を持つ、地域金融機関の行職員のいっそうの奮起が今、求められているのです。

【執筆者紹介】

〔第1章〕

小沢 理市郎（おざわ りいちろう）

株式会社価値総合研究所　執行役員
パブリックコンサルティング第三事業部 事業部長
都市・住宅・不動産戦略調査室 主席研究員

首都大学東京 工学部建築学科卒業。株式会社住信基礎研究所等を経て、株式会社価値総合研究所 執行役員、主席研究員。主に住宅・土地政策、不動産流通政策に従事。
近時の主要研究・調査として、「事業者間連携による新たなビジネスモデル等に関する調査・検討業務」、「個人住宅の賃貸流通方策の検討調査業務」、「中古不動産流通市場の活性化に関する調査検討業務」（いずれも国土交通省）、ほか著作に「不動産流通の課題と展望」（日本不動産学会誌100号記念特集 Vol.26）など執筆多数。

〔第2章〕

江口 正夫（えぐち まさお）

弁護士（東京弁護士会所属）　海谷・江口・池田法律事務所

東京大学法学部卒業。最高裁判所司法研修所弁護教官室所付、日本弁護士連合会代議員、東京弁護士会常議員、民事訴訟法改正問題特別委員会副委員長、（旧）建設省委託貸家業務合理化方策検討委員会委員、（旧）建設省委託賃貸住宅リフォーム促進方策検討委員会作業部会委員等を歴任。公益財団法人日本賃貸住宅管理協会理事。
近時の著作に、『第三版 これで解決！ 困った老朽貸家・貸地問題～貸家・貸地をめぐる法律と税金（空家等対策特別措置法・民法改正対応版）』（共著・清文社）、『[三訂版] 病院・診療所の相続・承継をめぐる法務と税務（共著・新日本法規出版）など執筆多数。

〔第3章〕

牧野 知弘（まきの ともひろ）　　　（Question24～38執筆）

株式会社YMFG ZONEプラニング 顧問

1959年アメリカ生まれ。東京大学経済学部卒業。第一勧業銀行（現みずほ銀行）、ボストンコンサルティンググループを経て、三井不動産に勤務。2006年、J‐REIT（不動産投資信託）の日本コマーシャル投資法人を上場。現在、オラガ総研株式会社の代表取締役としてホテルや不動産のアドバイザリーのほか、市場調査や講演活動を展開。
近時の著作に、『空き家問題』『インバウンドの衝撃』『民泊ビジネス』（いずれも祥伝社新書）『2020年マンション大崩壊』（文春新書）など執筆多数。

矢儀 一仁(やぎ　かずひと)　　　(Question39・40 執筆)
株式会社ＹＭＦＧ　ＺＯＮＥプラニング　代表取締役

1962年山口県生まれ。早稲田大学政治経済学部卒業。山口銀行入行、審査部、長門支店長、名古屋支店長、東京支店長、総合企画部長、ソリューション営業部長を経て、2015年7月より現職に就任。審査部在籍中は事業再生を専門に担当。

Q&Aで学ぶ　空き家問題対策がよくわかる本

2016年9月20日　初版第1刷発行	編　者	経済法令研究会
	発行者	金子　幸司
	発行所	㈱経済法令研究会

〒162-8421　東京都新宿区市谷本村町3-21
電話　代表 03(3267)4811　制作 03(3267)4823

営業所／東京 03(3267)4812　大阪 06(6261)2911　名古屋 052(332)3511　福岡 092(411)0805

イラスト／井上秀一　カバーデザイン／有限会社ねころのーむ（高久真澄）
制作／西牟田隼人　印刷／あづま堂印刷㈱

Ⓒ Keizai-hourei kenkyukai 2016 Printed in Japan　　　　ISBN978-4-7668-3332-4

"経済法令グループメールマガジン"配信ご登録のお勧め
当社グループが取り扱う書籍、通信講座、セミナー、検定試験情報等、皆様にお役立ていただける情報をお届け致します。下記ホームページのトップ画面からご登録いただけます。
☆　経済法令研究会　　http://www.khk.co.jp/　　☆

定価はカバーに表示してあります。無断複製・転用等を禁じます。落丁・乱丁本はお取替えします。